地域連携・キャリア教育・探究学習
がつながる！

# みんなの「仕事図鑑」

取釜 宏行＋髙橋 貴一 編著

松見 敬彦 執筆協力

学事出版

# はじめに

「社会に開かれた教育課程」が実現されている学校とは、どのような学校だろうか。全国で学校と社会の連携・協働が推進されているものの、なかなか思うように進んでいないのが現状ではないだろうか。

本書は「仕事図鑑」[1]の10年間を多様な関係者と共に総括しつつ、多くの学校で実践してもらえるよう解説した一冊である。

「仕事図鑑」とは、10年ほど前に地域との交流がほとんどなかった一つの高校から生まれた高校と地域の連携・協働の物語である。「高校生が地域住民にインタビューをして記事を執筆し小冊子をつくる」という、誰にとっても分かりやすい非常にシンプルな取組である。

「仕事図鑑」の制作方法と仕事図鑑が高校と地域をどのように結びつけたかについては、本誌にも簡単に紹介したが、詳細は「高校魅力化&島の仕事図鑑　地域とつくるこれからの高校教育」（学事出版）[2]を参照されたい。本誌では、「仕事図鑑」が全国に広がる過程において、学校や地域の実状に合わせて独自の進化を遂げた様子を描くとともに、「仕事図鑑」は生徒にとって、学校にとって、教員にとって、地域にとって、どのような価値があったのか総括しながら、シンプルだからこそのポイントを解説する。

本誌の章立ては次の通りである。

第1章は、仕事図鑑の概要を紹介する。はじまりの経緯と作り方、それらを通じた生徒・先生・地域住民の変化を複眼的に描いた。

第2章は、キャリア教育と探究学習それぞれの視点から、専門家と実際の現場教員から改めて意味づけをした。

第3章は、広島県立大崎海星高等学校の約10年間の取組のなかで、仕事図鑑の進化・深化の過程を紐解いた。これから制作することを考えている人は、自校や自地域で実践するとしたらという仮定を踏まえて読み進めると、活用のヒントになるのではないだろうか。

第4章は、1つの学校から始まった仕事図鑑が全国に広がるなかで、寄稿という形態でそれぞれの関係者からカスタマイズした部分や取組による成果や課題等を紹介する。中学校の取組、高校の取組、大学の取組など、校種による独自の進化に注目してほしい。

学校や地域の数だけ地域協働の形がある。学校や地域の数だけ仕事図鑑の形がある。真似をすることが正解とは思わないが、真似をすることから始める地域協働の形もある。現場の熱心な取組の中で偶然生まれた「仕事図鑑」は、汎用性が極めて高く、どの学校でもどの地域でも真似をすることができる。しかし、一つとして同じ仕事図鑑はできない。

高校生が探究学習によって熱心な地域活動をして、新しい気づきから成長するように、我々大人も成長しているし、仕事図鑑自体も成長している。本誌は、それら成長の記録としてさまざまな関係者が読みやすいようにできるだけ平易な言葉で書いている。

「高校と地域との協働」という答えのない真っ暗な、しかも出口の見えないトンネルではあるが、出口を目指す仲間は全国にたくさんいる。サクセスストーリーではないこの途上の取組が、読み手の現場を少しでも後押しすることができれば幸いである。

なお、本誌では「社会」や「地域」など、言葉が混在しているがほぼ同義として理解してもらいたい。学校の規模や立地によって、「社会」を「地域」と置き換える方が分かりやすかったり、「地域」を「社会」と置き換える方が分かりやすいだろう。

それでは、全国の高校と社会（地域）の連携・協働の物語を一緒に読み始めよう。

２０２３年11月

広島県立大崎海星高等学校
魅力化推進コーディネーター
取釜 宏行

1　「仕事図鑑」は、広島県立大崎海星高校のホームページにこれまで制作されたものはすべて公開されているので、そちらをダウンロードされたい。

◎広島県立大崎海星高校ＨＰ⇩

2　2020年8月に学事出版より出版。

◎学事出版　教育の島発高校魅力化＆島の仕事図鑑〜地域とつくるこれからの高校教育〜⇩

# 目次《もくじ》

# 【第 1 章】

# 「仕事図鑑」のキソキホン

松見 敬彦

# 1 「仕事図鑑」とは何か

本書を参考にして、仕事図鑑プロジェクトの実践を行うに当たって、まずは共通認識として「仕事図鑑とは何か」を定義しておきたい。

仕事図鑑とは、端的に説明すれば「地域で働く多数の大人たちに高校生が取材し、そのやりがいなどを記事にして紹介する小冊子」のことだ。学校によって異なるが、インタビュー、撮影、記事化、ときには冊子全体の企画立案やインタビュー対象者（取材先）の選定、出演交渉まで生徒が担うこともある。シリーズ化され、「地元の基幹産業」「事業継承」「自校の卒業生」など、毎年さまざまに切り口を変えて実施する学校も多い。完成した冊子は地域施設に設置されるなどし、地域住民も手に取って読み物として楽しめるようになっている。概要そのものは、比較的シンプルな企画であると言えよう。しかし近年、この仕事図鑑の教育的意義の高さが注目されるようになり、大きな広がりを生んでいる。

きっかけとなったのは２０１４（平成26）年、広島県立大崎海星高等学校（以下、大崎海星高校）の生徒らが取り組んだ「島の仕事図鑑」プロジェクトだ。詳細は本誌全体を通して後述するが、同プロジェクトにはその制作過程に、協働的、探究的、あるいはキャリア教育的な学びの機会が多面的・多層的にちりばめられていた。

また同校は、瀬戸内海の離島に浮かぶ生徒数60名強（当時）の小規模校であり、統廃合議論の対象にもなっていた。しかし現在は、「島の仕事図鑑」を始めとするさまざまな挑戦と学校改革で、全国から入学希望者が集まる人気校へと変貌を遂げている。そんな成功事例を参考に、各地で仕事図鑑プロジェクトを取り入れる学校が増えているのである。

他方で仕事図鑑に近い活動、すなわち社会人にインタビューをしたり、それを成果物としてまとめたりする教育活動は以前から全国的にも事例はあった。しかし、仕事図鑑はそれらとは一線を画す活動といえる。では、その違いはどこにあるのだろうか。以下に、その特徴を紹介する。

## 「職業」ではなく、「人」に注目

第一の大きな特徴は、「仕事図鑑」と名付けられているものの、「仕事」を紹介するのが主たる目的ではないことだ。仕事図鑑は、職業そのものよりも、その職業に就いている「人」にスポットを当てている。そして彼らが仕事を通してどんな自己実現を目指しているのか、つまり「働くとは」「生きるとは」という職業観や人生観を掘り起こし、発信しているのだ。

これを従来の取組と比較してみよう。例えば「介護士」という職業であれば、「介護士の業務内容」

を解説するにとどまるものが多かった。社会にはどんな仕事があり、どんな仕事内容で、どんな楽しさがあるのかを紹介するものだ。

もちろん「職業を知る」という意味では、そうした活動や媒体にも一定の価値はある。しかしあえて厳しい見方をすれば、「仕事の説明書」の域を出ない。そのような汎用的解説であれば、すでに適した教材や良書もあるため、それを読んでおけば事足りるとも言える。インターネットで検索すれば、すぐに答えにたどり着くこともできるだろう。しかし人にスポットを当てれば、そこに単一解はない。仮に同じ職種であっても、それを選んだ理由も見出すやりがいも十人十色だ。わざわざ取材をして、生の声としてそれに触れることにも意義がある。まさに「生きた教材」だと言えるだろう。

## 地域と連携し、地元の大人たちにスポットを当てる

第二の特徴は、インタビュー対象となる社会人が、その高校が所在する地元の住民である（あるいはその地域で働いている）ことだ。「遠く離れた、縁もゆかりもない地のすごい人」ではなく、地元の普通の大人たちを対象としていることがポイントである。そのため仕事図鑑は、地域連携の媒介としても非常に扱いやすい素材となっている。

地元住民の仕事の多くは、地元の社会機能を支える重要な産業だ。伝統的な生業や、特有の地場産業も多い。しかし高校生たちにとって、意外にもそれらにしっかりと触れる機会は少ない。ひいては理解不足、興味関心の不足を生み、後継者不足にもつながっている。こうした地域課題において仕事図鑑は、高校生たちが地元をより深く知り、郷土愛を育む、うってつけの教材となるのだ。講演会を催して地場産業の従事者などに話をしてもらうのも一つの手法ではあるが、どうしても生徒が一方的に話を聞く（聞かされる）面がある。対して仕事図鑑は少人数グループで実施し、かつ取材という形で「自分が話を聞きたい人に、自分が聞きたいことを、自分で聞きに行く」というスタンスだ。仕事の現場を見ることもできる。この違いは大きいだろう。

地域住民にとっても、学校は閉ざされた場所になりがちだ。そこで生徒たちが地域に飛び込み、自分たちのことを知ろうとしてくれるのは、地域住民にとっても嬉しいものだ。「子どもたちのために何かしてあげたい」と思っていても、その機会を持てずにいる地域住民は意外と多いのである。一方で、学校も地域に接点や人脈をあまり持っていない。かたや国は「社会に開かれた教育課程」の理念の中で、「学校教育を学校内で閉じず、社会と共有・連携しながら実現する」とし、学校と地域の連携を強く推奨している。仕事図鑑は、そんな両者の「関わりしろ」としてうってつけのハブとなるのだ。

事実、以前の大崎海星高校は、地域連携に積極的であるとは言えない状態であった。しかし「島の仕事図鑑」をきっかけに、生徒がどんどん地域へ出ていくようになり、地域住民らも学校づくりに参加するという、理想的な互恵関係が醸成されていった。

## キャリア教育的価値と地域活性的価値

第三の特徴は、「人」と「地域」に焦点を当てたことで、キャリア教育的効果が非常に高くなることだ。一般的に〝キャリア教育〟と聞くと、職業理解教育が想起されやすい。前述したような、仕事の種類や内容を知るための学習だ。しかし文部科学省は「社会的・職業的に自立し、社会の中で自分の役割を果たしながら、自分らしい生き方を実現するための力」が子どもたちに求められており、この視点に立って教育活動を展開することがキャリア教育であるとしている。つまり、職業理解教育はあくまで、キャリア教育を構成する一部分に過ぎないということだ。その点、仕事図鑑プロジェクトで学ぶのは、仕事を通して見えるその人の「生き方」である。それがロールモデルとなり、自らの将来像に向けてのカンフル剤となるのだ。

さらに第四の特徴として、地域活性の観点からもその効果は大きい。特に大崎海星高校のような離島や中山間地域では「地元には何もない」という自虐的な先入観を持ち、卒業後は都会に出ることを目指す若者も多い。ともすれば、保護者もそれを推奨している。もちろん決して彼らを地元に縛り付けることが目的ではないが、「地元にも面白そうな仕事がある」「その仕事に、情熱的に取り組んでいる人がいる」と知ることは、子どもたちの進路に多様性をもたらす。盲目的に、都会に出ることしか知らないキャリアプランではなく、選択肢を増やす形となるのだ。

またインタビュー対象者たちのバックボーンは、地元で生まれ育った者、Uターンで戻ってきた者、移住者などさまざまだ。そんな彼らの口から共通して語られるのは「なぜこの地で働いているのか」という地域への思いだ。それに触発されて地域を愛する心が育ち、地域の仕事への理解が深い若者が増えることは、生徒個人のキャリア教育的効果のみならず、地域の将来を担う人材を育てることにもなる。実際に、都会に出ることを望んでいた生徒が仕事図鑑の経験を通して地元を見つめ直し、「将来は地元に帰ってきたい」と言い出した事例や、仕事図鑑の取材先だった地元企業に就職したという事例もあるほどだ。

## 制作を通して育つ、生徒たちの非認知能力

仕事図鑑は、原則として3~5名程度で一つのチームを構成して作る。取材先の数はケースバイケースだが、これを各チームで分担する形だ。

チームは、撮影担当、インタビュー担当、記事執筆担当などに分かれるが、誰が何を担当するかは当人の性格や個性を活かして役割分担することが多い。しかし、どのように記事化するかを擦り合わせることや、締切を含む日程調整は全員で協力しなくてはならず、紆余曲折の連続だ。このような過程を経て、生徒たちは協働性やレジリエンスを身につけていく。

インタビューも簡単ではない。緊張してうまく質問できなかったり、思ったような答えが引き出せず、単なる「尋問」のような取材になったりすることも日常茶飯事だ。しかしその悔しさが向上心や主体性を育て、コミュニケーション力を伸ばすのである。生徒らがインタビューを通して得た学びとしてよく口にするのは「どうすれば相手が気持ちよく話せるか」という雰囲気づくりや、傾聴する姿勢の大切さだ。

また、仕事図鑑の誌面は決して余裕があるつくりではない。限られたスペースで、掲載できる写真の数にも文字数にも制限がある。その中で効果的に写真を選び、要点をまとめた記事を書く過程は、情報の編集能力や表現力を身につけるのに効果的だ。

これらの基礎スキルを学ぶため、事前学習として専門家（プロのフォトグラファーやライター）に依頼し、ワークショップを開催することもある。

## 小さく始めて、できることを増やしていく

このように多様な意義と価値を生み出している仕事図鑑だが、それを教育プログラムとして「どのように位置付けるか」は、学校によって異なる。例えば大崎海星高校は、放課後学習の一環としてはじまり、徐々に「総合的な探究の時間」(「総合探究」)へ入っていった。有志生徒が中心となって始まっている。一方で、後述する新潟県立白根高等学校(以下、白根高校)のように「総合探究」のプログラムに組み込んで実施している学校もある。あるいは、部活動の一環として取り組むことも可能であろう。

どれを選ぶかはその学校次第だが、それぞれに一長一短がある。制作物のクオリティが高くなりやすいのは、有志生徒で取り組むパターンだ。もともと自分でやりたくて参加しているため主体性が高く、成果物にもこだわりが強い。作業がハードになることもあるが、教員側も「自分でやると言ったのだから、しんどくても最後までやりなさい」と言いやすい。

しかし放課後活動となると、取りまとめを担当する教員の負担は増す。他の業務や分掌との両立が必要なためだ。学校組織の中では、一定の〝枠組み〟がないと教員を動かしにくい部分があるのは否めない。また、取材は対象者の仕事が終わる夕方以降に組まれることもあり、どの時間まで生

徒を拘束できるのか、そして教員自身の労働時間という観点からも、工夫が必要だ。そのため「小さい規模でチャレンジ的に始める」のに適したアプローチだと言えるだろう。

一方で探究学習に位置付けて「授業」として枠組みの中に組み込んでしまえば、その負担は軽減する。ただし、授業にしてしまった以上、継続性を問われ「ずっと続けないといけない」といった縛りに捉われてしまうこともある。また、生徒本人の興味関心に関わらず一律強制参加となるため、チームをつくってもフリーライダー（参加だけはするが、主体的に行動しないメンバー）を生みやすい。このあたりのコントロールがカギになってくるだろう。

コツとしては、放課後活動にせよ探究の授業にせよ、「いきなり完璧を求めない」ことだ。最初は大崎海星高校も、取材は生徒が行うが、記事執筆自体は大人が担当するなどしていた。できることから始め、継続させながらできることを少しずつ増やしていくスタンスで十分である。

## 2 「島の仕事図鑑」プロジェクトの始まり

### 大きな教育目標を掲げてスタートしたわけではない

前述のように仕事図鑑の制作過程では、キャリア教育、地域活性、子どもたちの非認知能力向上と、多様な効果が期待できる。しかし、仕事図鑑のパイオニアである大崎海星高校にとって、それはある意味で結果論でもあった。実は大崎海星高校では、大仰な教育的価値を目的に「島の仕事図鑑」プロジェクトを始めたわけではない。語弊のある表現かもしれないが「やらざるを得ない状況下で、何はともあれやってみたら、思いがけない効果が多数あった」ということである。

当時の同校は、他の離島中山間地域の小規模校と同様に、生徒数減から統廃合の対象となっていた。2014年2月、広島県教育委員会は「今後の県立高等学校の在り方に係る基本計画（以下、基本計画）」を発表。同校を含む県下の1学年1学級規模の高校を対象に、「地域と連携・協力して対策を実施し生徒数80名以上を目指すこと」、「施策の実行期間を3年、検証期間を2年の計5年を目処とし、成果を出すこと」「結果が伴わない場合、統廃合を含む再編を行うものとする」という指針が示される。

その時点で同校の生徒数は67名と存続ラインを大きく下回る状況であり、統廃合に最も近い位置にいた。かつ基本計画で示された「地域と連携する」体制も整っていなかった。

## 地域のネガティブな印象を変え、有力な進路の選択肢に

続く2014年4月、その後の同校の復活劇の基盤をつくった大林秀則校長（現・比治山女子中

学・高等学校校長）が着任。しかし地域連携の基盤がほとんどない中で、その糸を模索している状態であった。

地域連携を重視していたのは、基本計画でそれが指示されていたためでもあるが、大林校長が「よりよい学校をつくるために、学校はどんどん外部の力を活用すべき」と考えていたことも大きい。当時は全国的にも現在ほど「地域連携」という認識が浸透しておらず、学校を聖域化する文化は根強くあった。教員としての矜持や責任感もあって「教育は学校のものであり、教員が行うべき」という価値観が強かったのだ。その点において、大林校長の教育観は非常に先見性のあるものだったと言える。

また、地域に対して高校をオープンな存在にすることで、地元からのエンゲージメント（深いつながりや愛着を持った関係性）を強くし、同校進学率を高めるねらいもあった。残念ながら当時の同校は、地元からの評価や評判が芳しくなかったのだ。意欲の高い生徒は島外の進学校やスポーツ強豪校に進み、船員業を目指す生徒は、同島内にある国立広島商船高等専門学校（以下、広島商船）へ進むルートが一般的だった。消去法的に、それらの進路を選ばない生徒や、高校進学に大きな期待を抱いておらず「家から近ければどこでもいい」と考える生徒が集まるのが大崎海星高校である、という地元の認識があった。学校存続のためにもまずそのネガティブな印象から変える必要があったのだ。

現在は、高校魅力化・高校改革における屈指の好事例として知られ、「島の仕事図鑑」に取り組みたくて同校に入学したと言う生徒もいるほどだが、そんな生徒でさえ「島の仕事図鑑を知るまでは、大崎海星高校なんて行きたくないと思っていました」と明かしている。逆に考えれば、それ一つで進学先として選んでもらえるほど、仕事図鑑は学校を魅力化するポテンシャルを持ったコンテンツであるとも言えよう。

## 地域に生徒を出せるなら、手段は何だっていい

それと時を同じくして、地元で私塾を運営しながら地域活性活動に取り組んでいた本書編著者の取釜宏行も、大崎海星高校の存続を目指して高校との接点を探していた。この両者を、当時の高田幸典町長が引き合わせたことから「島の仕事図鑑」プロジェクトは始まっている。ただ、両者が接点を持てたのは大きな一歩だが、「では何をするか」という具体案がまだない状況だった。

そんな折、仕事図鑑や学校の魅力化とは別に取釜が取り組んでいた地域活性活動において、地元商工会との会議の場で「島の仕事を紹介するリーフレットのようなものを作りたい」というアイデアが出る。目的は移住定住の促進だ。

大崎上島に限らず、地域・地方の移住定住を進めるに当たって「どんな仕事があるのか」「そもそも就職先があるのか」は大きな課題だ。特に移住者は「田舎には仕事がない」と思い込んでいる。実際にはそれなりに働き口があっても、その存在が認知されていないのだ。また、島の基幹産業である造船にしても「油まみれになる肉体労働」というステレオタイプの印象を持たれがちで、それが事実であるか否かに関わらず、先入観だけで敬遠する人も少なくなかった。「仕事がある」だけではだめで、「魅力的な仕事がある」と伝える必要があったのだ。

しかし現実的には、ハローワークの求人票を見るしかない場合がほとんどだ。しかも求人票はフォーマット化されて文字しか載っていない情報源であるため、イメージがわきにくい。そこで、リーフレットなどを作り、島にある仕事の魅力をもっと発信したいと考えたのだが、これを高校と結びつける着想をしたのが取釜だ。「それ、高校生に作らせてみませんか?」と提案したのである。

大林校長もこれに飛びついた。当時を振り返ってこう述懐する。「とにかく何でもいいから、生徒を地域に出したかったのです。そこで、生徒が頑張る姿や輝く姿を地域の人に見てもらいたいと考えていました」。つまり、キャリア教育的な活動をしましょうとか、探究学習をやりましょうとか、地域学習を行いましょうとか、生徒の知識・スキルを伸ばしましょうといった教育的な命題があったわけではなく、ましてや仕事図鑑という媒体にそれができるとも思っていなかった。「まずは地域との接点を持てれば何だってやる」くらいの始まりだったのだ。もちろんそれは、統廃合という待ったなしの危機がそうさせた部分もあるだろうが、後進の学校も、最初はこのくらいの「余白」を持って始めても大丈夫だということを示唆している。

学校で何らかの新しい教育活動を行う際、教員という職業柄がそうさせるのか、最初から万全を期して実行しようとしがちだ。それを行うことでどんな効果があるのか、どのようなリスクがあるのか、先にすべてを詳らかにすることを求める。少しでも懸念が払拭されないのであれば実行しないという、極端なリスクヘッジだ。しかし大崎海星高校の動きから学びたいのは「まずはやってみる」「小さく始める」でも十分であるということだ。結果や効果は後からついてくるものだし、もしも結果や効果が伴わないのであれば、やめてしまえばいいだけの話である。

## 教育のための仕事図鑑ではなかった

したがって「島の仕事図鑑」の始まりは、学校の教育プログラムというより、商工会の地域活性化策に「高校が乗っからせてもらう」という形を取ったことになる。制作のための費用も商工会の予算だ。

企画の主体が誰にあるかはケースバイケースだろうが、この事例のように学校ではない組織や団体が主体となる場合は留意が必要な部分がある。「高校生の教育のために」というお題目では、ステークホルダーの理解や協力が得にくいことだ。実際に大崎海星高校のケースにおいても、主旨は島の移住定住促進のために作る冊子であって、生徒のためでも、高校の教育コンテンツを増やすためでもなかった。そこを履き違えず、利害が一致する落としどころ（＝仕事図鑑を作る名目）を探さねばならない。それもあって、予算権が商工会から離れた現在でも、「島の仕事図鑑」は「高校生が作った」ということをほとんどセールスポイントにしていない。

## 高校生だけでなく、地域住民にも効果と変容が生まれる

しかし、実際にやってみると、効果は多方面で顕在化した。生徒たちの教育的効果はもちろん、地域住民が持つ大崎海星高校のイメージも変わった。大林校長が「何でもいいから地域に出したい」と言っていた言葉そのままに、地域住民からも「最近の大崎海星高校は、何だかいろいろやっているね」という印象を持たれ始めたのだ。

完成した「島の仕事図鑑」は島内に全戸配布されただけでなく、港などの主要施設にも設置されているため、多くの住民の目に留まる。その結果として、さらに思わぬ副産物もあった。地域住民同士の中にも変容があったのである。「あの人は、あんなことを考えながら仕事をしていたのか！」

「素晴らしい考え方だね」「よし、自分も頑張ろう！」といった、相互理解や親密度の高まりを生んだのだ。それは地域の活力の向上に他ならない。ある地域住民は、感謝を込めてこう言う。「これまで顔は知っていても、日常的にその職業観まで話し込むような機会はなかった」。

また、仕事図鑑に登場した移住者が「なぜこの島に来たのか。この島のどこに魅力を感じたのか」を語っているコメントを見て、地元出身者も地域の魅力を新しく知ったり、再認識したりする機会となっている。

すべては結果論であるのだが、これらの機会をつくってくれたのが大崎海星高校であり、その生徒たちだ。これが大きく認められ、高校としての魅力や理解の高まりとともに、さらなる可能性への期待から、「島の仕事図鑑」は第２弾、第３弾の制作へと進んでいったのである。そしてこの進化の過程で、仕事図鑑の主旨そのものも「移住定住の促進」から、教育的なものに少しずつ変化を遂げていった。

## 3 仕事図鑑のつくりかた

では、実際に「我が校でも仕事図鑑を作ってみよう！」となった場合、どのようなステップで進めていけばいいのだろうか。ここでは大崎海星高校のケースをもとに、プロジェクトのスタートから完成までの手順を、具体的な動きを示しながら紹介しよう。大まかな流れは、以下の５つのステップに分けることができる。

**❶教員側の準備**
**❷ワークショップの実施**
**❸取材活動**
**❹制作活動**
**❺完成および事後対応**

一つひとつ詳細を解説していく。

# ❶ 教員側の準備

いきなり生徒を集めてプロジェクトを動かしていくことは難しい。まずは教員を始めとする大人がプロジェクトチームをつくり、大枠を作ってから生徒を募集するのが効率的だ。

## ❶-1 プロジェクトチームの結成

仕事図鑑プロジェクトの担当教員らでチームを編成する。この際、教員だけでなく地域側の担当者(自治体職員、商工会職員など)や、コーディネーターがいる場合は彼らにも参加してもらえるのが望ましい。取材に協力してもらう地域住民の人選や協力依頼が進めやすくなるためだ。

チームを結成したら、プロジェクトの活動期間や成果物の完成イメージ、それに応じた予算の算出を行っていく。コツは、いきなり「あれもこれも」と盛り込もうとせずに、チームメンバーや生徒に負担がかかり過ぎない程度に、無理なく小さく始めることだ。継続性を重視し、ノウハウを蓄積していくことを優先する。

仕事図鑑
今回のテーマは『海星卒業生の仕事図鑑』
島内外の元海星生に実際にインタビューをして、自分の進
路や目指すもののヒントになるかも?
学校の枠を超えた協同プロジェクト!
地域に飛び出して楽しみたい参加者募集中!
1. チーム
2. インタビュー
3. カメラマン
4. ライター
活動 期間 9月下旬から2月まで
参加希望者 9月20日(火)までに担当まで申込むこと

## ❶-2 実施目的やテーマの共有

チーム内で「仕事図鑑を作る目的」を共有する。例えば「地域の産業を知る」「コミュニケーション力の向上」「キャリア観の涵養」などだ。それをもとに、仕事図鑑のメインテーマを決める。初回は地域の基幹産業などを中心に、業界を絞ったほうが対応しやすい。慣れてくれば、この時点から生徒を参画させ、テーマ設定や以降の取材先の人選に携わらせることも可能だ。

## ❶-3 取材先の選定

目的やテーマに基づいて、条件を満たす地元企業や個人(自営業者など)をピックアップする。この際、学校側が地域に人脈を持っていないことが多いため、行政職員や商工会職員、コーディネーターの協力を仰ぐと進めやすい。なお人選は、職種、性別、バックボーン(地元出身、UIターン者の違いなど)、居住地域などに偏りが出ないように配慮する。

## ❶-4 参加生徒の募集

担任や部活動顧問などを通して全生徒に参加を呼びかける。主体的に参加する生徒がいない場合は、個別に声掛けをして勧誘することも必要である。なおその際「キミに向いている」など、前向きで楽しい理由付けをすることが大切だ。過去に仕事図鑑の制作実績がある場合は、見本を見せ「このようなものを作る」と説明すると伝わりやすい。

## ❷ ワークショップの実施

生徒が集まったら、仕事図鑑制作を進めていけるだけの基礎スキル向上や、マインドの共有を図る。仕事図鑑の質は、取材の質(どれだけ取材で良質な情報を得られたか)にかかっている。ぶっつけ本番で行うことは大人でも難しいため、取材に関する練習は特にしっかりと重ねておくようにする。

### ❷-1 チームビルディング

仕事図鑑を制作していくにあたり、生徒たちはチームで行動する。本気で取り組めば取り組むほど、意見の相違や軋轢が生まれる場合もあるだろう。そのため、チームの結束力や仲間意識の醸成は欠かせない。さほど親しくない生徒同士がチームを構成する場合もあるため、アイスブレイクにしっかり時間をかける。なお、チーム編成に当たっては、生徒たちの性格や技量を鑑み、似たような者同士で固まらないよう心がける。

### ❷-2 オリエンテーション

改めて仕事図鑑の主旨や内容を説明し、「これから自分たちが何をするのか」「何のためにやるのか」の周知徹底を図る。商工会などの協力を得ている場合は、商工会から説明してもらうのが望ましい。先生ではない人から説明されると、「単なる学校行事」という印象が薄まり、より責任感や新鮮味を持ってプロジェクトに取り組みやすくなる。特にこれから地域連携を深めていこうという学校であれば、生徒たちは「親と先生以外の大人」に慣れていない。学校外の大人との重要なファーストコンタクトであるとも言える。

### ❷-3 インタビューシート作成

取材先で何を聞くのか、質問事項とメモを記載できるようなインタビューシートを作る。質問の内容は、仕事内容、その仕事に就いた動機、仕事を通して目指すものや得たもの、休日の過ごし方など。「仕事」の中身についてヒアリングすることも大事だが、目の前の取材相手という「個人」のことを知りたいという気持ちで作ることが重要だ。

### ❷-4 インタビュー練習

教員らがインタビュー対象者役を務め、実際に取材を行うロールプレイングを重ねる。このとき、自分が普段から知っている教員が相手だということもあり、照れからの油断が入りがちだ。しかし、それを認めてはならない。本番のつもりで臨むよう、しっかり言い聞かせる。また、対象者には仕事図鑑プロジェクトに参加していない教員に協力を仰ぐのも一つの手だ。そうすることで、校内におけるプロジェクトへの理解や関心も高まりやすくなる。

### ❷-5 撮影練習

基本的なデジタルカメラの使い方や、光の当て方、効果的な被写体の構図、ファイルの保存形式などを覚える。写真部がある場合は、彼らにレクチャーを頼むとよい。もし地域内のフォトグラファーや写真店などの協力が得られる場合は、ぜひプロの力を活用するといいだろう。

# ❸ 取材活動

準備と練習が終われば、いよいよ本番だ。アポイントメントを取り、取材を実行する。

## ❸-1 アポイントメント

選定した取材先に連絡を取り、取材日時を調整する。特に電話の場合は緊張する生徒も多いが、必要ならインタビュー練習と合わせてアポ電話の練習もしておくとよいだろう。必ずしも生徒がアポイントを取る必要はなく、教員や自治体・商工会の職員らが代行しても構わないが、生徒たちにとってはいい経験にはなるはずだ。ビジネスマナーを学ぶ場にすることもできる。

## ❸-2 取材

準備したインタビューシートに沿って取材を進める。失敗しそうになっても教員は口を出さず、見守ることに徹する。あえて失敗を経験させ、今後の糧にしてもらうためだ。

また、緊張からインタビューシートの流れを追うのでせいいっぱいになる生徒もいるが、インタビューシートという“台本”どおりに進めることばかりに気を奪われると、機械的な質疑応答になって取材が盛り上がらない。「キミの将来の目標は何？」など、インタビュー対象者から逆質問がくることも多々ある。あまり「取材」と身構えず、「会話」として楽しむぐらいの心持ちでちょうどよい。取材の流れの中で生まれた気になったことを、アドリブで質問するのもいい心がけだ。

写真はできるだけたくさん撮影しておくのが望ましい。できれば100枚以上は撮っておきたいところだ。撮った瞬間は問題なく思えても、帰ってから見直すとブレていたり、被写体の表情がいまひとつだったり、同じ方向からの写真ばかりだったり、見切れ(画角から被写体がはみ出すこと)ていたりする。ベストショットはそうそう撮れるものではない。たくさん撮って、その中から「当たり」を探すようにするのがコツである。

## ❸-3 振り返り

取材本番も大切だが、場合によってはそれよりも大事なのがこの振り返りだ。うまくできたこと、できなかったことを共有し、その原因を共に考える。そして次回(次年度以降も含む)の取材に活かしていくのだ。このようなリフレクション行為は、最も生徒が成長する瞬間でもあるため、手を抜かずに実施したい。事前に「チームで協力できたか」「積極的に質問できたか」など、振り返り項目をまとめたシートを作っておくとよい。

また、取材の記憶が鮮明な当日のうちに行うことも重要だ。取材からの帰り道に、移動しながら話し合ってもいいだろう。スケジュールや時間等に余裕があれば、その振り返りを他のチームとも共有し、生徒全体の中間振り返りを実施するのも効果的である。

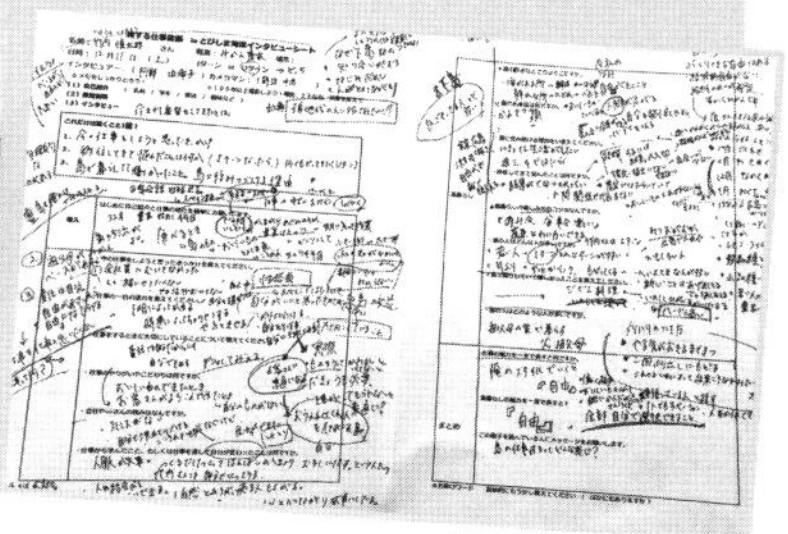

# ❹制作活動

インタビューシートに記載したメモをたよりに、いよいよ記事(写真含む)を作成していく。前項の振り返りと同様、記憶が鮮明なうちにアウトプットするのが望ましい。

## ❹-1 記事作成

聞いてきたことをそのまま文字に起こすだけでは、伝わる記事にはならない。限られた誌面の中で伝えたいことを伝えきるのは、非常に高い技術が必要である。取材全体を思い出しながらチームで話し合いつつ「取材の主題(最も印象的で、読者に伝えたいこと)」を見つけ、必要でない部分は思い切ってそぎ落としていくことも重要だ。なお、インタビューの担当者が必ずしも執筆者である必要はない。個々の特性を活かして、文章が得意な生徒が担当すればよい。

文章表現の技術については国語科教員の指導を仰いだり、事前のワークショップの中でプロのライターなどに依頼したりする方法もある。また、すでに仕事図鑑制作の前例がある場合は、過去の実物から書き方を参考にするのも有効的だ。

## ❹-2 デザインワーク

デザイン(冊子の組版)作業は相応の専門技術が必要であるため、外部のデザイナーに発注するケースが多くなるだろう。デザインソフトを使いこなせる生徒がいる場合は生徒が担当してもよいが、プロが作成した本格的なクオリティの成果物を見ると、生徒たちの達成感もまたひとしおだ。「これを自分たちが作った」という高揚感も得られるだろう。冊子としての質の高さは、インタビュー対象者にも喜ばれる。費用面などの問題もあろうが、継続性を重視するなら、デザイン上のクオリティは軽視しないほうがよいだろう。

## ❹-3 校正・校閲

デザイナーが作成したデザインラフ(見本)をもとに、校正(間違いや不備を修正する、編集上のチェック作業)を行う。インタビュー対象者に提出し、事実誤認がないかの確認を依頼しよう。間違いがあれば、正しい内容に修正する。

なお、インタビュー対象者からのチェックは、文章表現ではなく内容の事実確認までに留めるのが望ましい。表現部分まで意見を汲み取っていると生徒の作業負担も大きい。もし際限なくそれを受け入れていると、「自分たちで書いた記事」の原形を留めなくなってしまう恐れもある。

## ❺完成および事後対応

仕事図鑑は完成させて終わりではない。ぜひ、最後の振り返りや報告会などを実施したいところだ。それが仕事図鑑の学習効果をより高めることとなる。

### ❺-1 納品と配布

成果物が手に届く瞬間は、生徒たちにとっても非常にいい思い出となる。学校でストックや陳列をするだけでなく、ぜひ各人に持ち帰らせたい。プロジェクトに参加していなかった生徒も、これを機に次回の参加に興味を持つことは多々ある。

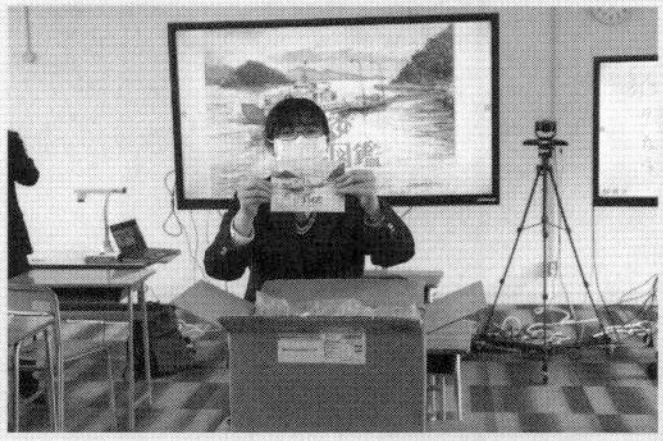

### ❺-2 最後の振り返り

プロジェクト全体を通して得た成長や、身に付けた力などを自己評価して振り返る。プロジェクト前と比較や、ルーブリック評価を行うのもいいだろう。客観的な振り返りは、成長の実感と、次回も参加したいという主体性をもたらす。

### ❺-3 完成報告会

取材に協力してくれた地域住民はもとより、プロジェクトに関わってくれた人すべてにお礼と共に案内を送り、完成報告会を行う。次回以降にプロジェクトに巻き込みたい人にも参加してもらうとよいだろう。生徒には、プロジェクトを通して得た成長や感想、仕事や地域への新たな発見を語ってもらう。

この報告会は、学校(生徒)が地域とさらにつながりを深める絶好のチャンスでもあるが、大きなイベントにすることに障壁があれば、最初は無理をしなくてもいい。校内で関係者のみを集めて行う形でも十分だ。

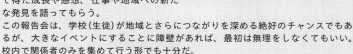

# 4 生徒の変化

## 生徒一人ひとりに、内省的かつ多様な変容

仕事図鑑の制作に携わることは、生徒に大きな変化をもたらす。例えば、取材や記事作成を通して、コミュニケーション力や表現力がアップするのは分かりやすい事例だ。もちろんそれらが素晴らしい成果であるのは間違いないが、表面的なスキルの向上にすぎないとも言える。

特筆すべきはむしろ、そうしたスキル向上の過程にあった学びだ。仕事図鑑を経て生徒が得た変容には、大きく二つの傾向が見られる。一つは、内省的な過程を経てそれを得ること。二つ目は、その内容が実に多様であることだ。参加した生徒一人ひとりが、自分の中に異なる気付きを得ていると言っていい。そこで、大崎海星高校から2名の生徒にスポットを当て、彼らの成長物語を追ってみよう。

## 相手の気持ちを考え、メタ認知ができるように

3年生の道林海斗さんは、地元・大崎上島町出身。島のことが大好きで、もっと地域のことを知

りたくて仕事図鑑プロジェクトに参加した。高校卒業後の夢は、警察官になっていつか島に帰ってくることだ。

もともと人とコミュニケーションを取るのが好きな性格で、インタビュー自体はさほど苦労しなかったが、取材内容をアウトプットし、記事化するところで苦戦したと言う。島の人々が抱く地域や仕事への熱い思いに強く感化され、「僕もその思いを本気で伝えないと。ただ記事を書くだけじゃ意味がない！」と感じた瞬間、筆が止まってしまったのだ。

そこで道林さんは、悩んだ末に「何のために仕事図鑑を作っているのか」という原点に立ち帰って考えた。仕事図鑑の目的は、地元や地元の仕事、そこに従事する人たちの魅力を伝えることだ。そこに気付いたとき、こんなふうに思ったと言う。「仕事図鑑の主役は僕じゃない」。

仕事図鑑で伝えるべきは、自分ではなく他者の思いである。単純なことのように見えるが、意外と見落としがちな点だ。ここに気付けたことは非常に大きい。人は情報を発信する際、つい独りよがりになり、自分が言いたいことだけを一方的に押し付けがちだからだ。それ以来道林さんは、常に「何のためにこれをやっているのか」「自分がその人（インタビュー対象者）なら、この記事を読んでどう思うか」「自分に何が求められるのか」という視点を持って原稿を書くようになった。つまり、ものごとを俯瞰する「メタ認知」ができるようになったのだ。

得意だと思っていたインタビューも、これではダメだと感じ始めた。「どうすれば自分の聞きたいことを引き出せるか」「どんな雰囲気づくりや話し方をすれば、相手が気持ちよく話せるか」を考えるようになっていった。ちなみに道林さんが掴んだコツは「笑顔と元気」だ。

その他の日常生活においても、常にものごとを俯瞰したり、相手の気持ちを考えたりする習慣がついたと言う。こうした客観視や傾聴の力は警察官としても大事な素養であり、「ぜひ将来に活かしたい」と、夢への思いを新たにしている。一方で「僕は夢や目標が決まっていたので、仕事図鑑の経験をそこに活かそうと思いました。でも、将来の夢がまだ見えていない人も、いや、そういう人ほど、仕事図鑑プロジェクトに参加すべきだと思います！」とアドバイスを送る。自分が知らなかった仕事や、そのやりがいなど、新しい発見がキャリアのヒントになるからだ。

実は道林さんの当初の目標は、大学の地域系学部に進んで勉強することだった。大学でもっと地域活動に取り組みたいと考えていたが、仕事図鑑を通して不思議な達成感を得た。「やり切った」感があったのだと言う。そこで、大学という〝回り道〟をやめた。「今の僕なら、高卒後にいきなり夢（警察官）を目指しても、きっとやっていけるという自信がついたからです」と胸を張る。取材先から具体的な進路のヒントを得る学びもあれば、活動に参加することそのものが導いてくれるキャリア観もある。それが仕事図鑑だ。

## 資質・能力向上だけが成果ではない　～「感謝」を知った女子生徒～

2年生の小林千夏さんは、中学卒業後は島外の進学校に行きたいと考えていた。しかし小学生のころ、島の仕事図鑑第1弾を見たことで気持ちが変わり始める。「こんなのを作れるなんて、大崎海星の高校生ってすごい！って。それで大崎海星もいいかなと思い始めたんです」と笑う。当該仕事図鑑では、顔見知りのおじさんやおばさんも紹介されており、彼らがこんな思いを抱いて仕事をしているのかという気付きも新鮮だった。そういう意味では、自らが制作に関わる以前から、成長の一歩目を踏み出していたと言えるかもしれない。仕事図鑑には、制作者としてのものだけでなく、純粋に読者として得られる成長もあるということだろう。

そんな小林さんが仕事図鑑プロジェクトから得たのは「感謝」だと言う。一見、抽象的で分かりにくい答えかもしれない。こうしたプロジェクトを通した生徒の変容を語る際、いわゆる「資質・能力」の成長にスポットが当たりがちだからだ。しかし仕事図鑑プロジェクトは、内面的な心のありかたにも変化をもたらす。プログラムの設計時には教員側が想定すらしていなかった、大きな〝お土産〟を持って帰ってくることがあるのだ。小林さんはまさにそのケースである。

小林さんの取材相手は、介護士と町役場の職員。最初は「仕事の内容ややりがいを語ってくれるのだろう」くらいに考えていた。しかし、2人が異口同音に語った予想外なある言葉が心に強く残ったと言う。「この仕事は1人ではできない」と、次々に周囲への感謝を口にしたのだ。「今までも親に『感謝の気持ちを持ちなさい』と言われてきましたが、正直ピンときていませんでした。『感謝してどうなるの？』と思っていたほどです。でもお2人の言葉は、実体験からくるもの。だから刺さったんだと思います」（小林さん）。

概念でしか理解できていなかった「感謝」を、実体として捉えることができたのだろう。やりがいとか収入とか社会貢献とか、そうした要素で構成されるものだと思っていた「仕事」の中に、「感謝」という概念が存在すること自体が驚きだったのかもしれない。そして自分自身も周囲に「感謝」できるようになった。小林さんが担当したのは第9弾で、大崎海星卒業生を対象に取材した「あつまれ★海星　仕事図鑑」。企画から携わったが、海星高校や卒業生の魅力を次の世代に伝えて、同校への関心を高めたいと言う。小学生のときに仕事図鑑を見て気持ちが変わったこと、そのおかげで大崎海星に入学できたこと、取材で教えられたこと、そうした縁への感謝を、恩送りしたいと思うようになったのだ。将来は、ラジオ局のディレクターになることが目標だ。ディレクターは番組づくりの司令塔だが、「一緒に番組を作る仲間への『感謝』を忘れないようにしたい」と語る。

5 仕事図鑑を経験した卒業生の今

## どんな仕事も、誰かの役に立っている

プロジェクトの経験は、生徒たちの卒業後にも大きく影響を与えている。例えば「自分を見つめ直すことができた」と語るのは、大崎海星高校2022年度卒業生の阿部由希子さんだ。高校入学時には将来の夢などは決まっておらず、ぼんやりと「海外で働きたいな」くらいに思っていた。そんな阿部さんが仕事図鑑を通して気付いたのは「どんな仕事も人の役に立っている」という重要な真理だった。

人の役に立つ仕事とそうでない仕事があると勘違いしている子どもたちは多いが、阿部さんは、仕事図鑑を通してさまざまな大人に出会い、そのことに気付いた。その後、進路を考える時期になり「私はどんな形で人の役に立ちたいのだろう」と自問したとき、医療の世界が見えた。現在は大学の看護学部に進み、看護師を目指している。

## 好きなことは、仕事にできる

「自分の好きなことを仕事にできる」と知ったのは、同じく2022年度卒業生の小泉優さんだ。「好きなことを仕事にするのは夢物語」という言説もあるが、やはり大人自身が「働くって素晴らしいよ」と自らの背中で示したいものである。小泉さんが仕事図鑑で出会った大人たちは、まさにそれを体現していた。それに触発された小泉さんもまた、自分の「好き」を仕事にしたいとIT系の進路を志す。現在はエンジニアを目指して工科の専門職大学で勉強中だ。

また、阿部さんも小泉さんも「人との関わり方」が変わったと言う。まじめで頑張り屋さんの生徒ほど作業を抱え込みがちだが、協働的に学ぶ中で彼女らは「手放すこと」「人を頼ること」を覚えたのである。その気付きは、看護師としてのチーム医療、ITエンジニアとしてのプロジェクト推進においても、必ず結実するはずだ。

## 仕事で辛いことがあったときは、いつもあの取材を思い出す

仕事図鑑の好影響は、社会人になっても表れる。川本愛さんは、大崎海星高校と同じ大崎上島町にある、広島商船の2020年度卒業生だ。卒業後は地元・大崎上島町の職員となった。

もっとも川本さんを驚かせたのは、インタビュー対象者の方々が仕事や地域について話すとき、とてもいきいきとしていたことだ。それまで彼女にとって仕事とは「生活のためにやるもの」だったが、まずそのイメージが変わった。また、Uターンで大崎上島町に戻ってきた福祉職の方は、「島の外」を経験してきたからこそ分かる（都会では希薄になりがちな）住民同士のつながりの濃さを語ってくれた。それは島に住んでいれば当たり前のもので、これまで意識したことがなかったのだ。

それが、川本さんの未来も変えた。町職員になり、ふるさとに貢献したいと思うようになったのである。現在は、島の魅力を発信する広報関連の仕事をしているが、魅力的な写真の撮り方など、仕事図鑑プロジェクトで培った技術が今も活かされている。また、働いていれば誰しも辛いことはあるが、そのとき思い出すのはいつも、インタビュー対象者らの「地元を愛し、仕事を楽しむ」姿だと言う。

## 「やりたいこと」ではなく「やれないこと」に気付く

２０１６年度の大崎海星高校卒業生・白井晶基さんは、大手ＩＴ企業で働いている。記念すべき第１弾「島の仕事図鑑」のプロジェクトメンバーであり、卒業生を対象に取材した第９弾「あつまれ★海星仕事図鑑」にはインタビュー対象者としても登場した特異な存在だ。

そんな白井さんだが、少し違った視点で仕事図鑑の学びを活かしている。自分が「やりたいこと」を見つける生徒が多い中、逆に「やれないこと」に気付いたのだ。取材時には常に「自分がやりたいと思えるかどうか」を意識しており、その結果として「自分がやりたいことはこれではない」と感じた。もちろん、その仕事をつまらないなどとは思っていない。ただ、島の仕事は自分には向いておらず、その上で、自分の「やりたいこと」は島の外で探そうと決めただけだ。白井さんは言う。「実際に自分で見て、聞いたからこそ納得して決めることができたのだと思います」。

その学びは、社会人になってからも活きた。営業職として入社した白井さんだが、性格的に合わなかったのかあまりモチベーションが上がらなかった。異動を願い出て現在はいきいきと働いているが、すぐに諦めなかったのは、仕事図鑑で学んだ「まずはやってみよう」精神が根付いていたからだ。営業という仕事を実際に経験し、納得できるところまで頑張ったからこそ「向いていない」と気付けたと、前向きにとらえている。

第9弾で自分が取材される側になったときも、後輩たちに「実際に経験してみる」ことの大切さを伝えた。ただ「後輩たちが社会に出るのが怖くなるような伝え方だけはしたくない」と思っていた。「僕が高校生だったときに取材に応じてくれた大人たちが、どんなふうに思って僕らに接してくれていたか、今ならよく分かります」と笑う。白井さんにとって仕事図鑑は、次世代への恩送りでもあるのだろう。

# 6 教員の変化

## 教員が学校外にロールモデルをつくる

仕事図鑑は、生徒のみならず教員にも変化や気づきをもたらす。例えば生徒への接し方や授業づくりだけでなく、教員自身の人生観やキャリア観にまで影響を与えることさえあった。大崎海星高校の兼田侑也教諭もその1人だ。「生徒の引率で取材に行ったはずなのに、教員が感化されることがよくあるんです」と言う。例えば郵便局員、町の電器店、あるいは大企業を辞めて小さな商店を開いたような人……仕事図鑑で出会う地域住民たちは、その職業も仕事観も多種多様だ。そこに教員も刺激を受けるのである。

教員という職業はときに「学校しか知らない」と揶揄されることがある。小・中・高校、大学、そして就職と、社会経験が学校内だけで完結するキャリアパスを指しての言葉だ。もちろんそれは一概に否定されるものではないが、確かに民間企業や経営者の働き方に触れる機会が少なくなる点は否めない。知識としては知っていても、実体験から得るものとはやはり質が違う。その点、仕事図鑑は視野の広がりや、新たな価値観をもたらす〝教員のフィールドワーク〟としても最適な教材だった。兼田教諭も「印象的だったのは、チャレンジを続けている人が多かったこと。感動して『私も何か挑戦してみたい！』という気持ちが生まれました」と語る。

教員とて、１人の人間だ。ロールモデルとなるような人から刺激や学びを得ることは、すばらしい経験である。しかしそれまでは、そのロールモデルも学校の中にしかいなかった。「恩師にあこがれて教員になった」という話はよく聞くが、結果だけ見ればそれもそういうことなのかもしれない。しかし仕事図鑑は、その出会いの場を「学校の外」に創造した点に価値がある。そこで兼田教諭は、仕事図鑑の引率担当を決める際も、できるだけ地域連携の経験が浅い教員に行ってもらうようにしている。

また、仕事図鑑のような地域活動や探究学習では、生徒の意外な一面を発見することが多々ある。普段は大人しい生徒が積極的に質問したり、面倒くさそうにしていた生徒が責任感を発揮したり。教科学習やスポーツでは目立てなかった生徒も、新たな活躍場所を見出せるからであろう。そのため、普段の授業やグループワークでも「その子のよさが活きる環境を作ろう」「その子の強みが発揮しやすい仕事を振ってみよう」と意識するようになったと言う。

## 自身が経験しているからこそ、伝えられる学びがある

同じく大崎海星高校の勇修平教諭は、「授業設計や生徒へのアプローチが変わった」と言う。大きな契機となったのは、第8弾「旅する仕事図鑑」の取りまとめを担当したことだ。同作の最大の特徴は、事前にインタビュー対象者が決まっておらず、生徒自ら地域に繰り出し、適材を見つけるところから始める点にあった。引率時は、生徒たちを車に乗せて地域を回りながら、人を見つけては車を停め、生徒たちが駆け寄って協力依頼の交渉をする……その繰り返しだ。

しかし、この経験が大きかった。いい人物が見つかる保証など当然ないし、時間の制限もある。このような壁や課題を共に経験することで、生徒が何を楽しみどこでつまずくのか、本当に実行可能な計画なのかなどを、実体験に根ざして理解できるようになった。つまり「学習者の立場で、学習プログラムを作る」視座だ。

教科学習にせよ、体験学習にせよ、指導者がつくって生徒に「下ろす」のが授業づくりのセオリーだが、このとき「教えないといけないこと」「伝えたいこと」ばかりが先行して、指導者側の独りよがりやお仕着せになってしまうことがある。生徒が楽しくない授業、分かりにくい授業はそうして生まれる。「生徒に何かを教えたり、何かをやらせたりしたいなら、まずは自分も同じ経験を

してみるべきだと思います」と勇教諭は言う。

それは周囲の教員へも波及した。探究学習のプログラムを作る際にも、教員同士で実際にワークシートに記入するなどの予行演習を重視している。例えば設計上は「5分で討論、10分でワークシート記入」などとしても、本当に10分で書けるのかは不明瞭だ。生徒の個人差もある。それを念頭に置きつつ、教員が実体験しておこうというわけだ。

また勇教諭は、「地域に対する認識が変わった」とも感じている。「地域は、教育リソースの一つだと思うようになりました。学校の中の『すごい大人』は先生しかいませんが、地域に飛び出せば、学校の枠組みを超えて面白い人にたくさん出会えます」と語り、さらにこう付け加える。「それも、自分自身が地域に出て『経験』したからこそ分かったことです」。

## 仕事図鑑を用いた体験授業や教科学習との連動も

勇教諭が得た「地域は教育リソース」という気付きは、教員個人の変化を生み出し、学校全体の変化・進化にもつながっている。各教員が「地域とのつながりこそ自校の強みである」と認識できるようになり、仕事図鑑で得たものを他の教育活動と連動したり、応用させたりする動きが見られるようになった。一つの大きな事例が、オープンスクールの体験授業で、受験生たちに仕事図鑑の制作を経験してもらうという斬新なアプローチだ。兼田教諭は言う。「普通は教科授業をやるものだと思います。しかし、「本校の最大の魅力は何か」と改めて問えば、やはり探究的な取組だと思うのです。それを受験生たちに経験してもらい、学校の魅力を感じてもらうには、仕事図鑑が最適なのではないかと考えました」。

受験生たちは、同校の教員に加え、魅力化プロジェクトスタッフや事務職員も対象にしてインタビューを行う。それを国語科教員の指導のもと簡単な記事作成を行い、成果物を持ち帰ってもらう流れだ。受験生からすれば、自分が進学するかもしれない高校にどんな先生がいて、どんな思いでこの仕事に向き合っているのか事前に分かるのは大きい。さらに学校に様々な立場で関わる大人たちの内面も知ることができて面白い、と大好評だったと言う。

仕事図鑑と教科の授業との連動も生まれた。「国語表現」の中でインタビューを記事化する試みだ。「総合探究」とも連動し、ワークショップや講演の講師を仕事図鑑に登場した地域住民から人選することもある。さらには、数年前に登場した人が「その後どうしているのか」というアフターを追い

かける企画も実施した。変わらずその道で頑張っている人もいれば、考え方が変わったり、新しい目標を見つけたりして別の仕事を始めた人もいる。そうしたリアルを知ることも、子どもたちにとっては大きな学びだ。

# 7 地域住民の変化

## 教育的意義以外にも価値をもたらす

仕事図鑑は教育活動の一環であるため、その価値や意義も教育的見地から語られることが多い。しかし、仕事図鑑にインタビュー対象者として協力した地域住民たちは、また違う視点からその価値を感じている。例えば自分の人生の棚卸しができたり、地域の学校に関心が持てるようになったり、同じ地域住民同士のつながりを生み出したり、自己有用感や社会参画意欲が高まったり……など枚挙に暇がない。彼らは、最初は善意で協力し始めたのだが、結果的に自分たちも得るものが多かったと語る。ここでは地域住民を代表して、みかん農家の山中陽子さんと建築板金の職人である高田康平さんの声から、その事例を取り上げてみたい。

## 「仕事図鑑」という枠を越えて、プロジェクトが自走し始めた

移住者でみかん農家の山中さんは、前職が体育教師という異色の経歴を持つ。教育への思いは強かったが、教壇を降りて畑に立った。仕事図鑑プロジェクトにおいては、地域住民と教育者の視点を同時に持てる稀有な存在だと言えよう。

仕事図鑑の存在は、自身が登場する前から知っていた。港の待合室に設置してあったものを持ち帰って読んだことがある。山中さんは移住者であるがゆえに、島にどんな人たちが暮らしているのか、どんな仕事があるのか多くを知っているわけではない。ましてや、個々の仕事への思いや人柄となればなおさらだ。しかし仕事図鑑のおかげで島や島の人たちのことがよく分かり、純粋に冊子として楽しめたと言う。

それが自分に依頼が来て「どんなふうに取りあげてくれるのだろう」と楽しみだった。同時に「高校生と接する機会があれば、どんどんやりたい」という思いも抱いてきたそうだ。以前から収穫体験学習などで生徒が農園を訪れることがあり、大崎海星高校と接点はあったが、そこまで学校のことを詳しくは知らない。「生徒がどんなことを思っているのか知りたかったんです」と語る。

もう一つ、仕事図鑑プロジェクトに協力した大きな理由がある。教員としての「やり残し」がず

っと心に引っかかっていたことだ。「私は大学を出てすぐ教員になり、一般企業などでの就業経験はありませんでした。子どもたちに、キャリア教育的なことを何も伝えてあげられなかったなと」。しかし、今の自分には伝えられること、伝えたいことがたくさんある。生徒たちには、自分が農家として目指した自由な働き方、自分で自分のことを決める裁量があることの喜びを語った。

山中さんに限らず、大人は「子どもたちに何か伝えてあげたい」「教えてあげたい」という潜在的な気持ちを持っているものだ。しかし教職にでも就かない限り、実際にそんな機会はない。仕事図鑑は、そうした多くの〝心ある大人〟たちに自己を発信する機会を与えてくれた。「取材を引き受けて本当によかったなと思うのは、自分の思いや考えをアウトプットできたこと。そしてそれを生徒たちが文章化してくれるから、客観的に見る経験ができたことです」。「仕事図鑑」という成果物があることもそうだが、生徒たちがフィードバックをくれるのも嬉しかったし、さらに自分を客観視できる材料になったと言う。

この経験を通して、山中さんの島での暮らしや考え方にも変化が生じた。取材で接点を持てたことで、生徒たちとのつながりが深くなったのだ。ふと島内で出会ったときなどに生徒が声をかけてくれるようになったし、収穫を手伝いに来てくれることもあった。単に「キャリア教育の外部講師と生徒」といったドライなものではなく、同じ島に暮らす住民としての共同体的なつながりだ。

「農家をやりながらも、好きだった教育に携われることが何よりも嬉しい」と言う山中さん。さらに今後の展望にもアイデアを持っている。「仕事図鑑のおかげで、島には面白い大人がたくさんいることを知りました。でもまだ面識がない人も多いです。次は、彼らと横のつながりをつくっていきたいですね」。学校の教育活動や仕事図鑑という媒体の枠組みを越えて、ＰＪが自走を始めているのである。このように、地域コミュニティに有機的な活性化や変化をもたらしたことは、仕事図鑑の大きな副産物だ。

## 一介の地域住民にも「できることがある」と気づかせる

建築板金技能士の高田さんは自身も大崎海星高校のＯＢで、「今の生徒たちは、自分のころとは比べものにならないくらい『大人に慣れている』し、社会的スキルも高いですね」と舌を巻く。それは同校が、仕事図鑑を始めとする積極的な地域連携を行って「地域に開かれた学校」をつくってきた賜物であろう。

高田さんもまた、以前から子どもたちに「伝えたいこと」があったと言う。それは「この島にはポテンシャルがある」ということだ。「都会に出て、いい大学に行き、いい会社に就職するのが正解だと教えられる。大人たちは『この島には何もない』と言う。だけど、そんなことはないよ、僕はこの島で楽しく働き、暮らしているよ。君たちにもそれができるんだよ、と分かってほしかったんです」と語る。地元に対するネガティブな印象を幼いころから刷り込まれた子どもたちに、島で頑張っている大人がこんなにたくさんいることを知ってほしかったのだ。

以前は、高校生と自分の中に、見えない壁のようなものを感じていたと言う。「僕のようなおじさん世代の人間から見れば、若い高校生たちは腫れ物に触るような存在で。会えば挨拶くらいはしますが、それ以上でも以下でもないという関係性です」。これからの島のことを彼らに託したい、彼らに島をもっとよくしてもらいたいと思っていたが、そこまで踏み込んだ話をする機会はなかった。しかし仕事図鑑は、自分の生き方や子どもたちのキャリア観について深く話すにはうってつけの素材だ。取材を通して親しくなり、子どもたちの中に踏み込んでいけるようになった。今なら「君たちなら、この地域課題をどう解決する？」と遠慮することなく聞けるそうだ。

さらに大きな変化もあった。「私にも子どもたちのためにできることがあるかも」「もっと何かやってみたい」と思えるようになったと言う。自分には縁遠いものだと思っていた地域の「教育」において、自分にも出番があるという自己有用感を見出したのだ。

キャリア教育の一環として、学校が講演会やセミナーを企画することはよくある。そしてその講師人選は、一定の社会的地位にある人や、珍しい活動に取り組んでいる人に白羽の矢が立ちがちだ。

教員も、生徒も、そして地域住民自身も、そういうものだと思っている。しかし仕事図鑑の主人公は、有名でも何でもない市井の人々だ。誰に知られることがなくとも社会の片隅で実直に生きて来た人たちの、人生ドラマにスポットが当たる。さらにそれが、子どもたちにとって大きな学びとなる。一人の働く大人として、こんなに誇らしいことはなかなかないだろう。

# 【第 2 章】

# キャリア教育としてみる仕事図鑑の価値

松見 敬彦（1～3）

取釜 宏行（4）

# 1 キャリア教育を改めて考える

## 「キャリア教育」とはそもそも何か

仕事図鑑は、地域の働く大人たちに取材をし、その職業や人生観について学ぶ教育活動だ。したがって、キャリア教育としての要素が非常に強い。ただ「キャリア」という言葉の定義には留意したいところだ。

「キャリア」は、狭義には仕事上の経歴や実績として解釈されることが多い。そこから転じて「キャリア教育＝職業教育」として捉えられがちだ。しかし本来は、働くこと全体にまつわるプロセスや人生観そのものを意味する言葉である。つまり「キャリア教育」とは、単に各職業の中身について学ぶだけではなく、働くことを通して自分が「人や社会とどう関わっていくか」「どう生きていくか」を学ぶことに本質がある。本章ではその前提に立って、仕事図鑑が持つキャリア教育的意義について分析してみたい。

## 「基礎的・汎用的能力」の育成と仕事図鑑

文科省が示す現在のキャリア教育は、以下の「基礎的・汎用的能力」の育成を目指すものとなっている。

**人間関係形成・社会形成能力**

多様な他者の考えや立場を理解し、相手の意見を聴いて自分の考えを正確に伝えることができるとともに、自分の置かれている状況を受け止め、役割を果たしつつ他者と協力・協働して社会に参画し、今後の社会を積極的に形成することができる力

**自己理解・自己管理能力**

自分が「できること」「意義を感じること」「したいこと」について、社会との相互関係を保ちつつ、今後の自分自身の可能性を含めた肯定的な理解に基づき主体的に行動すると同時に、自らの思考や感情を律し、かつ、今後の成長のために進んで学ぼうとする力

**課題対応能力**

仕事をする上でのさまざまな課題を発見・分析し、適切な計画を立ててその課題を処理し、解決することができる力

**■キャリアプランニング能力**

「働くこと」の意義を理解し、自らが果たすべきさまざまな立場や役割との関連を踏まえて「働くこと」を位置付け、多様な生き方に関するさまざまな情報を適切に取捨選択・活用しながら、自ら主体的に判断してキャリアを形成していく力

（「今後の学校におけるキャリア教育・職業教育のあり方について」（２０１１年、中央教育審議会答申）

これらの資質・能力に照らして考えると、仕事図鑑と非常に親和性が高いことが分かる。例えば「人間関係形成・社会形成能力」は、インタビュー対象者との対話や取材内容、その後の冊子制作で育むことができるだろう。「自己理解・自己管理能力」も同様だ。「課題対応能力」においては、期限などの制約がある中でいかに成果物を作り上げていくか、という過程の中で鍛えられる。実際に生徒たちからも「一番苦労したのはスケジュール管理」だという声が多数聞かれた。「キャリアプランニング能力」も、まさに取材を通して多様な気付きが得られるだろう。

仕事図鑑は、実社会の仕事や働く大人たちのリアルに触れることができる絶好の機会だ。当然ながら、将来を考えることに極めて適した素材であると言える。加えて仕事図鑑ならではの魅力は、そうした一つひとつの仕事が、インタビュー対象者の人生を通して、人や社会との結びつきを示し

ながら具体的に描かれていることだろう。高校生たちは、それに強いリアリティを感じる。自らの将来のモデルケースのような存在（しかも生身の実物）に、多数触れることができるのだ。本やネットで見たこと、親や先生に教えられたことはもちろん無駄ではないが、あくまで「情報」に過ぎない。実物に会うことや実体験を通して学ぶこととの間には、大きな壁がある。

しかし決して間違えてはならないのは、こうした資質・能力の育成が目的として先にあるのではないということだ。「いかに将来にわたって自分の力を存分に発揮しながら社会に貢献しつつ、自分らしい豊かな生活（人生）を実現するか」、そして「いかにそれを仕事という接点に結びつけるか」が重要なのであって、それを実現していくプロセスとしてこれらの能力が必要なのである。この順序を間違えないことが大切だ。

## キャリア教育を「プロジェクト」として捉える

仕事図鑑のキャリア教育的意義においてさらに重要なのは、「仕事図鑑なる冊子を作る」という「プロジェクト」になっていることだ。自分たちの周りにどんな大人がいて、どんな仕事をどんな思いでやっているかを知り、それを自分たちで取材し、冊子という成果物を作って外部に発信する。これらが体系化された一連の流れになっていることに価値がある。単にキャリアに関する情報を与えられるのではなく、自分ごととして理解できるようになるからだ。

仕事図鑑の制作過程では、自分たちが学んだことや得た情報、感じたことをより分かりやすい形で作り直していく作業が必要だ。自分以外の「読者」が存在する媒体だからである。読者がいる以上、自分だけが分かっているだけでは意味がない。取材を通して知ったこと、感動したこと、インタビュー対象者の魅力などを咀嚼し、そして分解して〝翻訳〟し、記事として再構築しなければならない。つまり一度自分の中にインプットし、抽象化した上で、再び具体に落とし込んでアウトプットするというプロセスだ。このプロセスの中で生徒たちは、自分が得た情報や感動を再認識したり、類別化したりする。そしてその脳内の動きが、生徒たちの中に学びを定着させる。具体と抽象を行き来することで真の理解となり、自分の中に腹落ちするのだ。教科授業でも、学習内容の定着度を図る目安として「友達に教えることができる」という観点があるが、それと似ているかもしれない。自分が本質的に理解しているからこそ、人に教えられるからだ。

また、そうした抽象思考を身につけることで、働くことや仕事というものを俯瞰し、もう一つ上の概念で捉えることができるようにもなる。例えば異なるインタビュー対象者の話から共通する仕事のやりがいに気付き、「そうか、働くってこういうことなのか」という気付きを得ることもあるだろう。そしてその気付きを、他の仕事に置き換えて考えることもできるようになるのだ。

## 身体的な情報を伴って始めて情報に血が通う

社会的に実績を持つ人を招いて講演会を開くことも、またキャリア教育の一環であるとは言える。対して仕事図鑑は、取材を通して自ら「情報を取りに行く」行為だ。この違いは大きい。

講演会の類の課題は、一方的に話を聞かされるだけになるため、どうしても生徒が受け身になりがちなことだ。しかし取材とは、情報の取得に対して極めて能動的な行為である。例えばある人が「この仕事はとてもやりがいがあります」と講演で語るのと、自分が問いかけてその答えが返ってくるのでは、まったく質が異なる。能動的に情報を取りに行くことは、自分が意図的に相手に働きかけ、相手からも働きかけられるというプロセスを持つ。その相互作用が頻繁に繰り返されることで、前述の「人間関係形成・社会形成能力」にもつながっていくだろう。そのような経験を繰り返した生徒は、インタビュー以外の場面においてもその力を発揮していくはずだ。

もう一つ、体育館や教室で講演会を聞くのと、相手の職場（現場）で話を聞くのとでは、まったくリアリティが異なる点も重要だ。例えば漁師の話を例にしても、教室でプレゼンシートを通して講話されるのと、実際に船の上や港で聞くのとでは大違いだ。船のエンジンの音、潮の香り、実際に水揚げされた魚たちなど、付随してくる情報の豊かさが圧倒的に違う。このような身体性を伴う情報は、学びを有機的にする。つまり情報や知識に血を通わせるのだ。

現在、ChatGPTなどの生成ＡＩが大きな議論を呼んでいるが、それらから得られる情報は言わば「記号」に過ぎない。表面的な事実だけを見聞きして「分かった気になる」と言えばよいだろうか。例えば「赤い」という言葉は単なる記号だが、自分が食べたトマトや、昨日見た夕焼けの赤さから覚える「赤い」は、非常に身体的である。このような身体性を持った情報が重層的に入ってくることで、人は「赤」という色の意味や価値を見出せるようになるのだ。このように身体的でエモーショナルな情報であるからこそ、キャリアに対する真の理解になり、仕事図鑑という冊子としてアウトプットするときの質も、大きく向上させるのである。

## 仕事「図鑑」という名称が持つ意義

結果論ではあるが、仕事「図鑑」という名称になっていたこともよかった。キャリア教育的な視点で見たときも、「仕事」というテーマに対し、この「図鑑」というアウトプットを位置付けたことは意外に大きい。

「図鑑」という言葉から想起されるのは、「たくさん」「いろいろ」あるいは「詳しく」「丁寧に」といった、媒体としてそこに掲載されている内容のバリエーションの豊かさだ。したがって「仕事図鑑」は、仕事の多様さや社会における仕事の豊かさ、仕事に関わっている人たちのありかたや生き様のようなものをすべて内包しつつ、うまく説明する仕組みが整った表現体であると言える。キャリア（働くということ）をバラエティ豊かに、より深く見せてくれそうなネーミングである。些末なことに思えるかもしれないが、表現体によって受けるイメージは大きく変わる。もし「仕事図鑑」ではなく「仕事新聞」「仕事辞典」だったらどうだろうか。まったく違った印象を受けるはずだ。

仕事図鑑は、名前こそ「仕事図鑑」であるが、仕事そのものよりも「働く人」を紹介している。例えば同じ漁業という仕事でも、それを生業とする人たちが持つ仕事観はさまざまだ。なぜ漁師をやっているのか、漁師のどこにやりがいを見出しているのかも人によってまったく違う。農家の中にも、専業農家もいれば兼業農家もいる。農協で働きながら自らも作物を育てている人もいる。業種というカテゴリーだけで見れば、漁業も農業も一つしかない。魚を獲る仕事です、農作物を作る仕事です、と紹介して終わりだ。しかし漁業も農業も、「人」にスポットが当たった時点で無限の多様性を示す。そして実際に、そうした違いを持つ人たちがそれぞれ紹介されていることは、キャリア教育的にも非常に意義があり、同時に「仕事図鑑」という名称の価値を高めている。

単に仕事内容を紹介するだけなら「仕事辞典」でもよかったはずだ。後述する新潟県立白根高校のプロジェクトでは、「仕事図鑑」ではなく「仕事人図鑑」と命名しているが、これも本質を捉えたいいネーミングであると言えるだろう。

## 2 「総合探究」として見る仕事図鑑の価値

### 正課の「総合探究」の題材として

大崎海星高校では、放課後活動の一環として有志生徒たちが仕事図鑑プロジェクトに取り組むのが主である。一方で、仕事図鑑を「総合探究」におけるプログラムとして位置付けているのが、新潟県立白根高校だ。ここでは同校の事例をもとに、仕事図鑑を正課の探究学習として扱うねらいや、仕事図鑑が持つ探究学習的な意義について解説する。

新潟市南区唯一の高校
白根高校の生徒が作った
地域を支える仕事人の図鑑
Vol.2
やりがいは？
大切なことは？
きっかけは？
中高生に伝えたいことは？

新潟市南区唯一の高校
白根高校の生徒が作った
地域を支える仕事人の図鑑
やりがいは？
大切なことは？
きっかけは？
中高生に伝えたいことは？

なお同校では「仕事図鑑」ではなく「仕事人図鑑」と称している。この点からも「仕事図鑑」を基本としつつ、オリジナルな活動として取り組んでいる様子がうかがえる。

まず、同校と地元の新潟市南区が抱える地域事情を踏まえつつ、両者と仕事人図鑑をとりまく背景を共有しておきたい。同校は南区で唯一の高校だが、２０２２年、地域を担う人材の育成などを目的に、両者の間で包括連携協定が結ばれている。学校と自治体が、制度上も非常に緊密な協力体制を築いていることが特徴だ。

仕事人図鑑プロジェクトがスタートしたのはその前年、２０２１年だ。企画の推進にあたっては、高校、商工会、まちづくりの任意団体である「にいがた南区創生会議（以下、創生会議）」、教育支援に取り組むＮＰＯ法人「みらいずｗｏｒｋｓ」が協力体制を築いて実行している。このような強固な連携体制は高校の探究学習にも表れており、白根高校における総探の授業は、以前から行政（新潟市南区）の担当者やみらいずｗｏｒｋｓと教員の合議によって内容を決定していた。そんな中で２０２１年度のテーマとして挙がったのが「進路を意識した活動をしたい」というものだ。結果として、それが仕事人図鑑プロジェクトの発足へとつながっていく。

同校の生徒たちは卒業後に半数が就職をする。しかし、こうした進路多様校の多くが抱える課題が「勉強したくないから」「就職先はどこでもいい」という、消極的な動機から就職を考える生徒も少なくないことだ。そこで、進学希望者も含め、少しでも具体的な目標を持って進路を選んでほしいと考えたのだ。

## 「生きかたを探究する」

一般的に探究学習は、自身が興味のあることをテーマに掲げ、自由研究を進めていくというイメージがあるだろう。このとき同校が掲げたテーマは「キャリア」だった。「キャリア教育」の概念については前述したが、「職業」そのものを学ぶだけでなく「働くことを通した生きかた」を学ぶものだ。つまりは「キャリア（=自らがどう生きていきたいのか）を探究する」ことを目指したのである。

生徒が「自ら問いを立て、その解決に向け情報を収集・整理・分析したり、意見交換や協働をしたりしながら進めていく学習活動」が探究学習の定義だ。学習指導要領の「解説」にも「物事の本質を探って見極めようとする一連の知的営み」とある。まさしく、そのようにしてキャリアを探究するのが、仕事人図鑑が持つ「探究学習的意義」だ。

同校の鎌田陵人教諭は、取組のねらいを次のように明かす。「職業そのものだけでなく『生きかた』を探究しようと生徒に伝えました。仕事だけにフォーカスしてしまうと、どうしてもその生徒にとって興味のない分野や業界もあります。しかし『生きかた』は普遍ですから。その『生きかた』が自分とマッチングしないものでも、また異なる人生観として学びになります。ものごとをもっと本質的に見る視点も得られると思いますし、それが探究学習の醍醐味ではないでしょうか」。

このような生きかたの探究は、本来、すべての生徒において必要な営みであるはずだ。この特性は、どの学校のどの仕事図鑑にも内包されている。しかし、社会参画や学校生活に対して主体性を持てない生徒たちは、任意参加の放課後活動にもあまり積極的ではない。つまり、最も参加してほしいはずの生徒が、参加しにくい条件下にあるということだ。その点において、有志生徒による任意参加ではなく、正課の探究学習として「必修化」されることには大きな意義と必然性があった。

もちろん「授業だから」としぶしぶ参加する生徒もいるだろうが、最初はそれで構わない。実際に経験することによって変わるのが仕事図鑑だからだ。大崎海星高校のような任意参加のケースでも、友達や教員の強い勧誘によって半ば仕方なく参加した生徒はいた。そんなスタートでも、結果として大きく変容を遂げた事例は多数ある。白根高校でも、仕事人図鑑実施後の生徒アンケートではこのような記述が見られた。「最初は、授業だからちゃんとやらなきゃと普通の考えでインタビュー準備をしていました。でも、準備を進めて行くうちにインタビューのことやその職業のことをもっと細かく知りたいと思えるようになりました」（原文ママ）。実際に卒業後、仕事人図鑑で取材をした業界に就職した生徒もいた。

## 自由でも、無理やりでもないテーマ設定のために

同校の長谷川拓也教諭は言う。「探究学習のセオリーでは、まず『課題発見』というプロセスがあります。しかし、うちの仕事人図鑑の取組はその点が不十分であるため、胸を張って『探究です！』と言い切れないところがあるのも事実です。それでも、これまでの学校生活や通常の教科授業では見つけられないものを見つけられることには、大きな価値があります」。今まで座学しかなかった学校に、一定の長期スパンの中で責任を持って一つの活動を成し遂げることや、学校外の大人と関わるという要素が加わることは、十分に探究的価値があると言えるだろう。

仕事人図鑑は、同校2年次に位置付けられた探究学習だ。1年次は「地域を知る」というテーマで取り組んでいる。ただ探究において、自由に「何でもいいから調べてみよう」というアプローチは、それなりのレベルにある生徒でないと難しい。主体的に学ぶ習慣がついている生徒や、もともと知的好奇心の強い生徒でないと放任のようになってしまい、「何でもいい」と言われても困惑してしまうからだ。

そこで同校では相応の「材料」を提供する意味で、1年次のテーマに「地域」を設定したのだ。しかし、地域理解を深める点では上々の成果が得られたが、教員の実感として多少の「やらせてい

る」感は拭えなかったと言う。生徒の興味関心とマッチしない部分もあるためだ。そこでもっと生徒の興味関心を引き出せるものを、と考えたとき、すべての生徒に汎用性があるのが「進路」の探究だった。「進路」というテーマは、1年後には全員が向き合わなければならず、遠い未来の話でもない。そんな中で大崎海星高校などの仕事図鑑の取組を知り、探究学習の素材にこれを位置付けたのである。

同校のように、「自由に探究させるには壁が高い」「かといって教員側がテーマを指示してしまうと生徒が主体的になれない」といった課題を抱える学校は少なくないはずだ。そんな場合において、仕事図鑑は非常に「扱いやすい」素材であると言える。

## グループではなく、個人で探究することの価値

同校の「仕事人図鑑」が大崎海星高校の「島の仕事図鑑」などと大きく異なる点の一つが、取材や記事の執筆プロセスなどはすべて個人作業であることだ。グループではなく、生徒1人が一つの会社（人物）を担当し、一から十までこなす「個人探究」である。もちろんグループでの実施によって協働性を高めるという利点があるのは分かっているが、あえて個人作業にしている。

グループでの探究活動は、どうしても「授業だから仕方なくやる」という層やフリーライダーを

生みやすい。実際に同校でも、1年次の探究学習は4～5人のグループで実施したが、そうした生徒が一定数おり、反省材料となっていた。長谷川教諭は「甘えを許さない環境をつくりたかった」と言う。

実際に効果はてきめんだった。仕事人図鑑のみならずその後の学校生活においても、積極的に単独作業ができる生徒が増えたと言う。事後に集計した感想を見ても、1年次には「○○を知ることができてよかった」というものが多かったが、仕事人図鑑では「達成感」というキーワードが多く見られた。

「進路（生きかた）を探究する」という意味においても、1人でやることには大きな意味がある。他者に同調できない点だ。取材における質問も自分で考え、インタビュー中の対話でも、常に自分の意見が求められる。その「逃げられない」「ごまかせない」環境は、まぎれもなく探究活動に当事者意識と内観をもたらし、進路や人生を自分ごととして考えるカンフル剤となるだろう。

もちろん、これから仕事図鑑プロジェクトに取り組む場合、グループがいいのか個人がいいのかは、各学校のねらいや生徒の状況によって変わるだろう。しかし同校ぐらいの学校であれば、個人探究も視野に入れてよいのかもしれない。グループではない分、教員の負担は増すかもしれないが、正課の授業という枠組みの中であれば、1人の教員ですべての面倒を見なくてもいいというメリットもある。地域や外部組織のサポートが得られる環境が整っているなら、そのリソースも大いに活用したいところだ。

## 自分の殻を破り、本当に生きたい人生を目指して

また、探究学習のプロセスでは、最後に「成果をまとめ、発表する」というステップがある。多くの場合、これはポスターやスライド資料、レポートにまとめたりすることが多いが、仕事図鑑の場合は「冊子」という成果物になることが特徴だ。

プレゼン資料やレポートは、どうしても単なる「まとめ書類」の域を出ないが、仕事図鑑は学校外の人も含めて多くの人が目にする1冊の読み物となる。そのようなステップが最後に待っているのは探究学習の中でも珍しいケースであろうし、生徒たちにとっても嬉しい。先述した生徒の感想に多く見られた「達成感」という言葉は、独力で活動をやりきったことだけではなく、何かを形にするというプロセスにも内包されているものと想像できる。同校の探究学習をサポートしているNPO法人「みらいずworks」の角野仁美氏は「探究におけるねらいの一つが、生徒に『自分の殻を破ってほしい』ということだったが、まさにその通りになったと感じる」と語る。

自分がそれを望んでいるか否かに関わらず「高校を卒業したら、自分はだいたいこういう業界に

進み、何となくこういう人生を歩むのであろう」と漫然と考えている生徒は多い。「仕事とは嫌なもの」と思っている生徒もいる。大人にそのような認識を刷り込まれているのか、ロールモデルがいないのか、あるいはそういう打算的なロールモデルとしか出会えなかったのか分からないが、仕事人図鑑はそれを変えた。「自分の好きなことを仕事にしていいんだ！」と思えるようになり、成績優秀でもっと雇用条件のいい企業に入れたにも関わらず、「これがやりたい！」と刃物職人の道に入った生徒もいた。まさしく自分のキャリア、すなわち「生きかた」を探究した成果だ。

## 探究を通して、生徒の承認欲求を満たす

地域住民から見た「探究学習としての仕事人図鑑」はどうだろうか。自身も白根高校ＯＢで創生会議の梅津繁明氏は、かつての自分自身も含む一般的な高校生像をこう語る。「まず自尊心がない。自尊心がないから殻に閉じこもる。殻に閉じこもるから自己防衛に走る。自己防衛に走るから自分さえよければいいという考え方になる。そのような考え方になるから、社会にも政治にも関心がない。関心がないから、他人に理解がなく思いやりがない人間ができ上がる」。

それを踏まえて梅津氏は、生徒の自尊心を高めるにおいて重要なのは、承認欲求を満たしてあげることだと考えている。承認欲求を満たすには褒めることが効果的だと言われるが、「褒める」こ

とや「叱る」ことは、何らかの成果をもとに「評価」する行為だ。では何が日常に、つまりありのままの状態で承認欲求を満たしてくれるかと言えば、自分を「見てくれている」という実感だろう。仕事人図鑑を探究学習として用いることは、親や先生以外の大人（地域の人）が「見てくれている」という感覚を、生徒たちに与えたと感じている。そうすることで、自尊心がないことから起こる負のスパイラルが、すべて逆方向に回転し始めるのだ。逆に、自分を見てくれていない大人からいくら褒められようが叱られようが、子どもたちには響かないものである。そういう意味で探究学習としての仕事人図鑑は「承認という体験をデザインする」ツールだと感じていると言う。

同じく創生会議の星野正光氏は、「仕事人図鑑のテーマが『地域を支える』であったことが、探究学習的にもよかった」と語る。いわゆる大企業の経営者ではなく、地元を支える中小企業の経営者や自営業者らにインタビューしているため、彼らの「地域」に対する思いに触れられるからだ。「自分たちが生まれ育った町を、もっとよくしたい」というシンプルな情熱に触れて感化され、主題である「生きかた」を探究することにつながっていく。

## 本当に「やりたい」と思えなければ探究にならない

探究学習に仕事人図鑑プロジェクトを持ち込むに当たり主導的役割を果たしたのは、前述の長谷川教諭と南区職員の小林愛実氏だ。仕事人図鑑以前から地域と学校の連携体制が強かった同校だが、最初に取り組んだのが「インバウンド観光客に向けて、地域と高校生で協力して農業体験プログラムをつくる」というものだった。しかし小林氏は言う。「対外的には評価されましたが、実際には高校生のやる気がまったくついてこない状況でした」。農業に興味がなく、参加しているものの、斜に構えて動こうとしない生徒が多かったのだ。その後の生徒の変容にも大きな効果があったとは思えなかった。つまり「高校生が企画しました！」という話題性ばかりが先行し、実際には「やらされていた」だけの部分があったのだ。

こうしたケースは同校に限らず、どの学校でも往々にして起こり得ることだ。表面上は探究的な活動に見えるが、探究学習の定義や本質からは残念ながらほど遠い。地域連携の観点から見ても、生徒のやる気のない態度は、地域住民に悪いイメージを残す。せっかく取り組むのであれば、大人も子どもも、関わる全員が何らかの成果を得るものであってほしいところである。そこで「もっと生徒の主体性を引き出せるものを」と考えたとき、進路をテーマにすることが決まり、大崎海星高校の「島の仕事図鑑」の存在を知った、といういきさつだ。

農業体験プログラムでの反省を活かし、仕事人図鑑の制作にあたって小林氏らが気を付けていたのは「大人が手助けや指示を出しすぎない」ことだ。ひいてはそれが生徒の主体性や自己表現意欲を奪い、探究的な要素も失われてしまうからだ。本当は地域のＰＲ要素なども記事の中に盛り込みたかったが、そこまで求めず、あえて要求レベルを下げた。大人が「あれを盛り込め」「こんなふうに作れ」と言うのではなく、生徒自身が知りたいこと、作りたいもの、伝えたいと思うことを表現させようとしたのである。

それは見事に功を奏し、生徒が楽しみながら取り組んでいる姿が随所に見られた。小林氏は言う。「冊子としてのクオリティを高くすることよりも、生きかたを探究する学びだからこそ『すべての生徒に機会を届ける』ことを大事にしました。逆にクオリティを求めるなら、正課の探究学習ではなく、有志生徒による任意の活動にしたほうがいいでしょうね」。

## 「地元で生きていく」という選択肢を探究

南区の五十嵐雅樹区長は、仕事人図鑑の成果を以下のように捉えている。「私は常々『まちづくりは、ひとづくり』だと思っています。１人の『地域を愛する人』の存在が、まちを変えていく様を何度も目の当たりにしてきました。区長としての立場から言えば、仕事人図鑑は地元愛の醸成につながるのが素晴らしいですよね。将来の地元を担う人材育成にもなります。一方で探究学習としてこれを見たとき、『地域自体を探究』すると同時に『ここで生きていく人生を探究』できるすばらしいツールだと思います」。

つまり、既定路線のように地方から都市部へ若者が出ていくのではなく、彼らの中に将来の生きかたの選択肢を増やすということだ。「高校が探究学習（仕事人図鑑）でそれを学ぶことは、地域を担う人材づくりに他なりません。『米百俵』の逸話ではありませんが、包括連携協定を結んで学校と地域連携に区が予算を投じるのも実に理にかなった話であり、強く推進していきたいです」（五十嵐区長）。

同区では、高校卒業後に地元に残ってくれる若者が6～7割と高い数値を示しているが、一方で「地元を出ないのではなく、出られないだけ」というネガティブな側面もあると言う。そんな中、地元を探究して理解し、地元と自分の価値を見出した上で残る、あるいはUターンしてくるというプロセスが重要だ。仕事人図鑑はその媒介となっている。

## 3 キャリア教育・探究学習とつながることの意義

仕事図鑑とキャリア教育、探究学習につながることについて、探究学習研究の第一人者、田村学氏に特別寄稿いただいた。以下で紹介したい。

# 「本当のキャリア教育」を実現する仕事図鑑

國學院大學人間開発学部　教授　田村 学

## 本質的なキャリア教育は、探究の中でこそ実現する

現在のキャリア教育の課題は、一つひとつの活動が単体・単発に終始しがちなことである。本来のキャリア教育の目的は、生涯にわたって豊かなキャリアを形成する力、すなわち働くことを通して自己実現を図る力を涵養することだ。しかしこのようなアプローチだけでは、その実現は難しい。

例えば「高校生が大学へ見学に行き、体験授業を受けてみましょう」「職場見学をしましょう」といった取組も、一つのキャリア教育の実践である。それらは確かに、自分の将来を考えるきっかけとしてはよい機会だろう。しかしこの体験の中で、キャリア教育の本質的な目的である「「働くことを通して自己実現する力」の育成」を果たせるだろうか。また、その過程で身に付けるべきとされる「人間関係形成・社会形成能力」「自己理解・自己管理能力」や「課題対応能力」「キャリアプランニング能力」の修得にも至らないだろう。

一方で探究学習とは、自ら問いを立て、情報を収集して整理し、まとめ、表現していくものだ。そうすることで、前述のような資質・能力も磨かれていく。つまり、キャリア教育をより確かなものに

するためには、「働く」「仕事」を核に置きながら、より探究的で連続性を持った、スパイラルな学びを形成できるかどうかがカギだと言える。

そういう意味では、仕事図鑑プロジェクトはいい例だ。場合によっては、地域課題のようなものを核に据えて探究学習を進めることも、結果的にキャリア形成に結びつく可能性は十分にある。これまでやってきた大学見学や職場体験の類も、より探究的でプロジェクト的なものに仕立てていけば、本来期待されるキャリア教育の意義が発揮されるはずだ。

私は、本質的なキャリア教育というものは、そもそも探究的でなければ実現しないだろうと考えている。職業をたくさん知るであるとか、働いている現場を見るとか、それらが無意味とまでは言わないが、表面的事象の把握に過ぎないのは事実だ。職場体験やジョブシャドウイング（社会人に1日同行して仕事を体感する活動）をするのはよいが、「自分が将来どんな仕事をしたいのかを見つける」といった目的がまずあって、その中でこれらが位置付けられてこそ意味がある。本質的なキャリア（教育）は、自分自身が能動的に探究するプロセスの中でこそ実現するのだ。

## 「キャリア」は生徒により身近な探究テーマとして位置付けやすい

探究学習の対象となるものは、現代社会の課題など、さまざまなテーマが存在する。その点からみて仕事図鑑は「仕事」「働くこと」、すなわちキャリアを学習対象にしている形だ。

一方で高校生ぐらいの世代だと、自分の将来や就職といったものが、少しずつ具体を帯びて見えてきたり、自分の特性や強みを自覚できるようになったりするころだ。したがって、キャリアというテーマは彼らにとって極めてリアリティがあり、身近で、かつ真剣に取り組むべき存在となりやすい。小学生くらいだとまた違ってくるだろうが、高校生にこうした探究テーマに取り組ませることは、非常にフィット感や必然性が高く、能動性を生みやすいと言えるだろう。

かつ仕事図鑑では、同じ「仕事やキャリアを探究」と言っても「自分の知らないどこかの高名な科学者」を探究するわけではない。以前からの顔見知りも含む身近な職業人（＝地域住民）が対象であり、そのことも生徒たちにとって取組に対するハードルを下げる要素になっている。例えば格差や貧困などの社会問題をテーマにした探究は「興味がなく主体的になれない層」を生みやすいという指摘もあるが、これが自分たちの町や身近なところにある格差や貧困であれば、おそらく反応も違ってくるはずだ。

## 「点」だったキャリア教育を、探究的アプローチで「線」に変える

キャリア教育にはさまざまな手法があるが、前述のようにそれらを単体として存在させても、キャリア教育が本来目指す目的を果たすことは難しい。

つまり重要なのは、これまで「点」になっていたキャリア教育を、「線」にしていくイメージだ。そして、その点を線に変えていくフックとなるものこそ、探究的なアプローチである。仕事図鑑に例えると「地域の仕事やそこで働く人たちの魅力を外部に発信する」という探究的ミッションがあって、

その過程の中で生徒が自身のキャリアを考えるようになり、かつ資質・能力が育まれる機会が周到に盛り込まれている、という形だ。実によくできた構造と言える。
従来の「点」としてのキャリア教育は（特にキャリア教育という言葉が社会に出回り始めた黎明期においては）、どちらかと言えば職業教育的な要素が強かった。世の中にある職業の種類や中身を知るための学習だ。しかし本質的なキャリア教育の要諦は、いかに社会の中で自己のありかたを見つけるかだ。そういう意味で言えば、現在のキャリア教育は徐々に成熟期を迎え、「本当のキャリア教育」を目指す体制が実現しつつある。仕事図鑑はその象徴的な存在だ。これは非常に好ましい動きであり、今後の応用・発展に大いに期待したい。

田村氏が指摘するように、仕事図鑑の取組でキャリア教育が「線」になっていくイメージがより明確になったと思う。「本当の」キャリア教育のためにも、仕事図鑑の取組は非常に有効なのだ。

# 4 地域連携の媒介として見る仕事図鑑

## 地域連携の媒介として最適

仕事図鑑は、これから地域との連携を深めていきたいと考える学校にとって、非常に有力な媒介となる。学校（教員・生徒）と地域（住民）が協力してひとつの成果物を作り上げる過程を通して、相互理解が深まるからだ。

また、文科省が進める「社会に開かれた教育課程」の実現においても、重要な視点として「教育課程を介してその目標を社会と共有」、「地域の人的・物的資源を活用」との言及がなされている（「幼稚園、小学校、中学校、高等学校及び特別支援学校の学習指導要領等の改善及び必要な方策等について」（２０１６年、中教審答申）より抜粋、要約）が、仕事図鑑はまさにそれとも符合する形だと言えよう。

それをふまえ、改めて仕事図鑑の地域連携における価値を考えてみよう。それには二つの視点が重要となる。一つは学校にとっての価値、もう一つは地域にとっての価値だ。そしてさらに重要なのが、その価値や意義は同じではないということである。つまり、双方に異なるメリットを創出することが必須なのだ。その意識が欠落してしまうと、仕事図鑑プロジェクトは言わずもがな、地域連携そのものがうまく立ち行かなくなるのでくれぐれも留意したい。その理由については詳しく後述する。

## 机上論では伝えられない、リアルな「生きた教材」

始めに一つ目の視点、学校にとっての価値を検証する。これはさらに「生徒にとって」「教員にとって」「学校という組織にとって」の三つに細分化することが可能だ。

まず生徒にとっての価値は、自分が住んでいる、あるいは通っている学校のある町に「こんな面白い人がいる」とリアルに知ることができる点だ。よく、生徒たちは「親と先生以外の大人と話す機会がない」と言われる。ましてや、仕事の価値観や生き方の話となればなおさらだ。仕事図鑑が仕組みとして秀逸である点の一つは、取材の流れの中で、地域住民から逆インタビューされる場合もあることだ。「なぜこの高校に入ったの?」「どうして大学に行きたいの?」「今どんなことに興味があるの?」……そうした質問を、親でも先生でもない大人がズバッと切り込んでくれる経験は新鮮だ。「インタビューに行ったけど、人生相談になっていました」と笑う生徒も多い。そんな対話を通して地域の大人たちから「生きる力を」「リアルに」学ぶのである。

そして、教材でも伝聞でもないリアルだからこそ、挑戦意識を持って生徒が前向きに取り組めるようになる。こうした「生き方」は教科授業や机上論で伝えることは難しい。いくら「将来の夢を持つことは大切です」「その可能性を広げるために、勉強を頑張りましょう」と伝えても、残念ながらなかなか生徒には響かない。実感値がないからだ。しかし、そんな一般論を100回話して聞かせるよりも、仕事図鑑は1回のインタビューで生徒を変えるインパクトを持っている。ロールモデルとなる大人との出会いで、将来のビジョンや理想の生き方を自分の中に持つことの喜びと、そのために今自分がなすべきことが、実体として納得できるのだろう。こうした成長は、他の地域連携活動では得られない、仕事図鑑ならではの傾向だ。また完成した仕事図鑑は、小中学生向けキャリア教育の教材としてもピッタリだ。テレビやYouTubeに出てくる「すごい人」を見るのも悪くないが、仕事図鑑のように「知っている人」「見たことのある人」が素材となるほうがはるかに影響力が強い。

ほかにも、知識を「生きた知識」に変えることができる点も大きい。例えばキャリア教育にせよ、教科学習にせよ、今まで机上で学んでいたこと、知識としては知っていたことが「こういうことだったのか！」「ここで使えるのか！」と気付かせてくれることも多いようだ。事実、これらが掛け合わされることで、仕事図鑑プロジェクトの経験後に教科授業への身の入り方が変わる生徒は少なくない。

## 個人としての教員にも、組織としての学校にも変化を生む

教員にとっての価値は、まさに生徒のそのような変容を後押しできることだろう。特に学校の中では、教員と生徒はどうしても縦の関係になりがちだ。生徒が地域に出るということは、その枠組みからも出るということでもある。第三者的な立場の大人から聞く話は、また新鮮な価値を持って生徒の中に入りやすい。先述した「知識が生きた知識になる」という観点からも、「あのとき先生が言っていたのはこういうことか」という理解の後押しにもなっていく。

さらに、地域住民の人生物語に触れることで、民間企業や自営業者、会社経営者など、教員とはまた違う職業文化を学ぶだけでなく、一人の人間として気付きを得ることもよくある。生徒がそうであるように、教員までもが自分の人生を見つめ直すのだ。取材時に思わず、教員が質問をしてしまうこともあるほどだ。その結果として「自分はどんな教育を届けたかったのだろうという、原点に立ち返ることができた」という声は多い。中には「なんとなく教員になってしまったが、これは本当に自分がやりたかったことなのだろうか」と自問し、のちに異なる世界へ挑んだ者もいた。

では、学校という組織としての価値はどうだろうか。まず言えるのは、学校が地域と連携しよう

とするときの「関わりしろ」が増えることであろう。例えば総合的な探究の時間、部活動、フィールドワークなどで地域の物的・人的リソースを活用したいと思っても、学校は詳細を把握できていない部分がある。このようなとき、「人材バンク」としての役目を果たすのが仕事図鑑だ。地域にどのような人がいるのか蓄積されているため、必要に応じた適材を探しやすくなる。実際に、教員がインタビュー対象者と個人的に仲良くなり、その後の授業にゲスト講師をして招くなどの事例も多く見られた。

## 地域の担い手を育て、地域を活性化する

地域にとっての価値は、やはり「将来の地域の担い手」を育てることにあるだろう。もう少し具体的に言えば、生徒が地域に興味を持ち、自分が町づくりの担い手であることを認識するということだ。

これは「もし学校と地域の連携、協働がなかったら」という、「イフ」を考えると分かりやすい。地元地域とほぼ接点がないまま育ち、そのまま進学や就職で地域の外に出て行けば、地域のことは知らないままであるし、知らないから興味もわかない。そして、その後もその距離感は変わらないだろう。地域としては、せっせと子どもたちを育てては、都市部など他地域の担い手を送り出すば

かりのルーティーンとなる。これではまるで搾取だ。

もう一つ大きいのは、住民同士のつながりや理解を深める点だ。「これまで顔見知り程度だった近隣住民の仕事観を知れてよかった」という声は非常に多く聞く。大崎海星高校の地元・大崎上島では、特にエッセンシャルワーカー（医療や福祉、物流、小売り、行政職員など、社会基盤を支えるために不可欠な仕事に就く人たち）の価値や思いが見直されることが増えた。これまで「やって当然」と思われて光が当たりにくかった職業や、そこに従事する人たちの思いに触れ、感謝する気持ちが強くなったのだ。インタビュー対象者からも、自分がどんな思いでこの仕事をしているのかが受益者たちに届き、さらにそれが評価されて、「本当に報われた」「心から嬉しかった」という声が多数届いた。

このようなつながりは、地域住民の関係性を編み直す。互いのことにより興味がわいたり、仕事やプロジェクトで新たなつながりを生んだり、気遣いができるようになったりする。そしてその関係性が、地域をより活気的で強いものにしていくのだ。単に人口増を目指すばかりが「地域活性化」ではないのである。

また、完成した仕事図鑑は学校だけで活用されるのではなく、地域の施設やスポットなどに置けば目も引くだろう。「地域を紹介する広報ツール」として使うことができるのも地域側のメリットだと言えよう。翻って「そのようなオフィシャルな媒体を自分たちが作った」という経験が、生徒の自己有用感と社会参画意識を高めるきっかけにもなる。

## 双方が「続けたい」と思うような互恵的関係は必須

ここで、冒頭で述べた「学校と地域、双方にメリットを」という視点を思い出してほしい。これは、地域連携を継続するための必須キーワードだ。例えば単発型の地域連携であれば、それなりに各校・各地で実施されている。しかしそれが続かないのは、この視点が抜けているからであることが多い。

学校と地域が垂直の関係、すなわちどちらかが「協力する」あるいは「支援する」という関係性では、地域連携は続かないと考えておくべきである。なぜなら、協力・支援というつながり方をしている時点で、主従（上下）関係が生まれるからだ。協力・支援している側はボランティアで「やってあげている」という意識になり、協力・支援される側はそのボランティア精神に依存する構造ができる。そうすると担当者が変わったり、負担の度合いが増えてきたりといったタイミングで「もうやめよう」となってくる。だからこそ、双方にメリットがあり、「続けたい」と思うような互恵的関係であることが欠かせないのだ。

この関係性について考えるとき、教員が犯しがちな、しかも致命的なある「勘違い」について説明しておく必要があるだろう。「教育のためなら」「生徒のためなら」、地域は手伝ってくれるものだという前提で動いてしまうことだ。しかしそれは違う。社会人がわざわざ仕事やプライベートの時間を犠牲にしてまで協力してくれていることに対して、学校は謙虚さと感謝の気持ちを持たなければならない。逆の立場で考えれば分かるはずだ。もし地域が「地域のために○○をやるので、生徒を出してください」「今度の日曜日にイベントを開催するので、先生、手伝ってください」と一方的に言ってきたらどうだろうか。「なぜ?」「その日は休みなので……」と思うはずだ。その感覚を、地域住民に対しても持っておく必要がある。

## これから……と思う学校にとって最適な素材

このような地域連携の意義について「地方と都市部では違う」という見方もあろうが、本質的なところでは変わらない。違うのは、都市部は人口（生徒数）も多いため、プロジェクトの規模や範囲も大きくなってしまうことだろうか。ここをあまり広げすぎると、教員のオペレーションに負担が生じる。学校だけで動かそうとせずに、商工会・商工会議所や行政などの外部組織の手助けを積極的に活用したほうがよいだろう。

ただしその際も、相手方の「メリット」を忘れないようにしたい。「高校の教育のために協力をしてください」では理解を得にくいため、「地域人材の育成のために」というお題目でアプローチしたいところだ。

「仕事図鑑プロジェクトを始めたいが、地域にパイプがない」という学校もあるだろう。そのようなときは、自治体の「まちづくり」系統の部署にコンタクトするのが最も確実だ。こうした部署は、地域活性が業務であることはもちろん、地域活性活動に積極的な地域住民とのコネクションも非常に豊富だ。直接的に支援や協力が受けられなくても、地域の適材を紹介してもらうことも十分に可能である。ほか、まちづくり系のNPOや社団法人、観光協会、地域おこし協力隊員などにアプローチするのもいい。「学校の教育活動なのだから、教育委員会がいいのでは?」と思われるかもしれないが、あまり得策とは言えない。県立高校が県教委に打診すると「特定の学校だけに便宜を図れない」という問題もあるし、高校が所在する基礎自治体(市町村など)の教育委員会からすれば、「県立高校のことは県教委でやってください」となるのも無理はないからだ。

また、最初は「このような(=仕事図鑑)プロジェクトを『やるかもしれない』のですが、取材させてもらえそうな人はいますか?」という含みを持たせて、事前調査するのがよいだろう。完全に「やる」と決めてから相談してしまうと、「紹介された以上は、必ずその人に取材しないといけない（あまり適材でなかったとしても）」といった縛りも生じるためだ。

ともあれ仕事図鑑は、これから地域連携を始めようとする学校にとって、学校と地域双方にメリットをもたらす素材として非常に扱いやすい。単に「連携しましょう」「〇〇を作りましょう」と呼びかけても、地域側は「結局何をやるのか」が分かりにくいものだ。しかし「仕事図鑑」は、名称からもイメージしやすく、すでに各地で成功事例があるため実物を使って説明できるうえ、説得力も高い。関わるすべての人（ステークホルダー）が「分かりやすい」「取り組みやすい」「目指しやすい」という要素は、地域協働の普遍的な第一歩なのだ。

# 【第 3 章】

# 仕事図鑑の進化
## —9回にわたる改訂—

取釜 宏行（1～7）
髙橋 貴一（8・9）

第3章では、本プロジェクトの生みの親ともいえる大崎海星高校で、過去作成された9冊の仕事図鑑を紹介する。「やらされ地域活動」から真の生徒主体の地域活動までの過程を詳述することで、自校・自地域ではどの段階から活動できそうかを検討してほしい。仕事図鑑制作の過程を通じて、高校と地域の連携・協働が深まる様子を描いた。

# 1 仕事図鑑の誕生

## 誰もゴールイメージを持っていなかった第1弾

大崎海星高校魅力化プロジェクトが本格的にスタートするちょうど半年ほど前、高校は地域との接点を模索していた。まだ「探究」という言葉が聞き慣れない2014年、当時の大林秀則校長は、「とにかく地域とのハードルをゼロにする。できることはなんでもやろう」と息巻いていた。しかし、それ以前に学校と地域の協働プロジェクトなどが特にあるわけでもなく、地元出身の教員がいるわけでもない。高校と地域は、控えめに言っても断絶に近い状態であった。そのような状態で、「連携しよう」と学校のトップが方向性を打ち出しても、現場を動かす教員は、地域にどのような人がいるかも知らないし、地域に何をお願いしていいのかも分からない。取っ掛かりを探している、

島の仕事図鑑

広島県 大崎上島

海洋土木①

海と陸、島の地形に合わせた建築土木

望月さん

島では助け合う仲間がいる。もし職を失っても生きていけるのが島の好きなところ。そう語るのは建設会社に勤める望月さん。人に見てもらえる場所に、形が残るものを、自分たちの手で作れることがこの仕事のやりがい。島の地形を見ながら、桟橋を設置したり、自社クレーン船を用いた重量物の据え付けなどを行う。測量が好きで、1ミリも狂わず合わせることが出来た瞬間が嬉しいと笑う。感謝してもらえる仕事を目指しながら、商工会青年部で地域活動にも奮闘中!

パン屋②

島の素材を活かしたパン作り

中尾さん

就労支援員として福祉施設で働く中尾さん。以前は神戸のパン屋で働いていたが、島のブルーベリーと出会い、その魅力に引き込まれる。パン屋の経験を見込まれ、新たにパン事業の立ち上げに奮闘し、販売が軌道に乗った今では障がいを持った人でも、イキイキと働ける職場づくり、施設の利用者さんが就業出来るように支援することがやりがい。島では、親身になってくれる人が多く、島に父母がたくさん出来たようで嬉しいと笑顔で語る。

まさにそういう状態であった。

一方で、当時大崎上島町は移住者が増え始めた時期であった。そして、大崎上島町商工会では、移住・定住促進会議のなかで、移住希望者にとって仕事が見えにくいという課題についての解決策を協議していた。具体的には、「移住体験ツアー」や「仕事を見える化する冊子制作」が案として浮上していた。偶然、そこに居合わせた取釜（後年、コーディネーターとなる）が「その冊子作りを大崎海星高校の高校生が作るのはいかがですか？」と提案した。しかし、すぐには受け入れられず、「高校生には能力的に無理だろう」「学校がそういうことをできるのか」「誰がそれを調整するのか」「教育的にはいいかもしれんけど、商工会的にはちょっと難しい」と、全員否定的であった。このように、地域側も高校との連携の必要性はもちろん、進め方もイメージできていない状況であった。

## 生徒の主体性はない「やらされ地域活動」

その会議の翌日、半信半疑のまま、商工会職員が高校を訪問して、仕事図鑑の相談をした。大林校長は「渡りに船」だとばかりに快諾。即日、仕事図鑑プロジェクトがスタートした。校長もイメージはできていなかったはずだが、とにかく「小さく始める」「できることから始める」「地域側の要望に応える」ことを意識していたのだろう。第1弾は、とにかく島には多くの種類の仕事があることを移住希望者に知ってもらおうという趣旨で、28人にインタビューした。一つでも多くの仕事を紹介したかったので、冊子の説明もなく表紙からインタビューが始まっている。

地域連携をスタートするにも、教育課程内には当年度に調整することができなかったため、放課後に有志メンバーを集めてのスタートとなった。有志8名の生徒は教員の声掛けによってなんとか集まったというのが正直なところだ。インタビュー項目、インタビュー先、インタビュー日程、インタビューのアポなどはすべて大人側で準備した。結局、第1弾で生徒が行ったのは、指定された日時に指定された場所に行って、渡されたインタビューシートを上から聞いてメモをするだけであった。しかし、教員以外の大人と話をしたことがない人見知りと自認する生徒たちにとっては難易度が高かった。よって、職員室の先生にインタビューの協力をお願いし、インタビューの練習をしてから本番を迎えた。

## 驚くほどの成長を見せる生徒たち

そのような状況でインタビューが始まったが、インタビューをしながら、話を聞いてメモをとるのもひと苦労。「仕事のやりがいは何ですか」の質問に答える地域の人が地域の好きなところも併せて答えてくれる。しかし、二つあとの質問で「地域の好きなところは何ですか」と、もう一度聞く生徒。地域の人は「さっき言わんかったっけ?」と、首を傾げる。引率した教員も頭を抱える。生徒の主体性はなく、ただこなしていたことが分かる一幕である。引率した教員とその日の振り返りをした時に、「あの生徒は、メモをとることで精一杯だったのでしょう。インタビュー項目を上から聞くだけでひと苦労ですね」と。

しかし、驚くべきことが起きた。前出の生徒と先生の組み合わせで、4人目のインタビューに同行した時だった。なんと、生徒がアドリブで質問をしたのだ。地域の人の返答に対して「それは具体的にどういうことですか」など、インタビューシートにはない質問をしていた。事前準備をしたわけではなく、その場所で瞬時に判断して追加の質問をしていた。引率した教員とその日の振り返りの時に、「前回同席した時は、すでに答えているにもかかわらず、同じ質問をしていた生徒がアドリブで質問をするようになったことに驚いた。そもそもあんな顔を見たことがない」と、生徒の変貌ぶりに驚嘆していた。そして、去り際に「次、引率が必要な時はいつでも声を掛けてもらえれば」と、前向きな発言が見られた。こうやって、生徒の変容に立ち会ったことで、地域活動に前向きな教員が徐々に増えていった。

## 変わる生徒、変わる教員、変わる地域

生徒が変わった。それを見た教員が変わった。では、地域側はどのように変わったのだろうか。年度末に冊子が完成したとき、まず大崎上島町商工会の担当者は完成度の高さに驚いた。商工会に最も多かった問い合わせは、仕事図鑑の記事と共に写っている写真について「これはプロのカメラマンが撮ったのか?」が大半であった。当然、そんなわけはなく、「高校生が撮影しました」と返答する。仕事図鑑のデザイナーは、「驚くほど自然体の表情が撮影できている。おそらく、高校生だから緊張もなく、自然な表情でインタビューに答えたのだろう」と分析する。

さらにその後、思ってもみなかったことが起きた。インタビューを受けた地域の人に町で出会った際、「町の人に声を掛けられることが増えた」というのだ。意味が分からずどういうことか聞い

てみると、普段仕事のやりがいなんて同僚にも言わない、ましてや近所の人に言うわけがない。それが、仕事図鑑には「仕事のやりがい」や「仕事を始めた経緯」などが赤裸々に記載してある。それによって、「この人は、このような想いを持って仕事に取り組んでいたのか」と、認知されたのだ。それが地域の人と話をするきっかけとなり、想いが共有できて地域からの信頼も深まったというのだ。

仕事図鑑は定住・移住の冊子であるにもかかわらず、大変評価が高く、翌年度早々に全戸配布された。これによって、さらに多くの人が仕事図鑑を目にすることとなった。第1弾の意義は、関係者全員が学校と地域の協働をイメージできたことだろう。仕事図鑑制作を通じて、連携・協働のイメージを持っていなかった両者が仕事図鑑というシンボリックな冊子制作を通じて、共通認識を持つことができた。

# 2 仕事図鑑——第2弾「造船・海運」

## 第1弾への高評価から第2弾へ地域側から依頼

第1弾が成功裏に終わって、地域協働の共通認識ができたことで、高校生の地域行事への参加が本格的に始まった。すると、仕事図鑑を制作した大崎上島町商工会から、第2弾制作依頼が舞い込んだ。しかも、これまで商工会が制作した冊子のなかでも最も評価が高かった（クレームが0件だったらしい）ようで、2冊同時の制作依頼となった。予算も2倍と気前がいい。まさか2冊目があるとは思ってもいなかったため、表紙には第1弾とは書いていないことは後日の笑い話である。

第2弾と第3弾のテーマは、大崎上島町の基幹産業である「造船・海運業」と「農業」であった。最近では、行政とこのような冊子を制作するプロジェクトは全国でも散見されるが、行政という立場上、さまざまな団体や個人に配慮して制作する必要がある。例えば、インタビュー対象者を選定する場合も、年代や性別、職業の種類は当然のことながら、対象地域への配慮も必要である。学校側にはピンとはこないかもしれないが、「あの地域の人は多いにもかかわらず、この地域の人はいない（もしくは少ない）」は、最もクレームになりやすいので要注意である。しかし、学校側はその点についてはあまり意識をしていないし、そもそも分からない。よって、商工会担当者と密に連絡を取りながら地域目線を考慮して、表現方法も含めて確認しながら進める必要がある。具体的には例えば、農家の人選についても、

商工会員であることを優先してほしいといった要望もある。このように、地域との協働を推進する場合、地域側にとって学校内の規定が見えないように、学校側も地域側の規定は見えない。しかも、地域の場合は、明文化されていない暗黙のルールが多いため、それらを調整できる人が重宝される。

前年度は、急遽決まってバタバタと10月頃に始まり、3月に終わるスケジュールであったが、第2、3弾は、年度当初には計画を立てたため、2冊同時制作ではあったが、スタート時期と終了時期を早々に決定するなど、計画的に進めることができた。また、学校内体制についても、教員たちでチームを組み、どのような生徒を育てたいか、プロジェクトを終えての評価はどのように行うのかなど、地域協働のカリキュラムづくりの根幹となる「育てたい生徒像」について、協議をしながら進めることができた。

## 共通理解は大きな推進力

2冊同時の制作だったにもかかわらず、第1弾の制作よりも難易度は低かった。それはやはり、関係者でイメージが共有できていたからだろう。第1弾の時にはコアメンバーですら、イメージができておらず手探りで進んでいたが、第1弾を経験したメンバーが引き続き関わったことで完成のイメージがあり、どのくらいの時間や労力をかければゴールに辿り着くかが明らかだったからであろう。また、インタビュー候補者への説明も大変楽であった。第1弾は「高校生がインタビューに来るのかな」くらいのイメージだったのが、冊子を持参して「この冊子の造船・海運編をつくりたいんです」と伝えると、全員が快諾してくれた。さらに、第1弾では事前学習もなく生徒が決められた日程で決められた場所に連れて行かれてインタビューがスタートしたので「職業はなんですか？ なにをやっている会社ですか？」など、会社ホームページを確認しておけば分かるような基本的なことを聞いていた。事前調べは社会人に時間をもらう際の最低限のマナーとして、事前調べは第2弾以降必須となった。

また、該当する業界の人たちへ事前リサーチ時に話をうかがうと、人材採用が大きな課題の一つであり、地元の就業者の割合が年々減ってきているということもあった。ある大企業のインタビュー対象者は、「何年か後に1人でも就職してくれたら御の字かの」と雑談のなかでぼそっとつぶやいた。高校生の就職先になり得る企業がこのような気持ちを持っていることは、依頼する学校側は知っておいた方がよさそうである。

## 地域の中で高校生にしかできないこと

生徒の主体性を引き出すために、第2弾よりインタビュー項目の作成から取り組んだ。インタビュー項目作成のためには、この冊子は誰のために作成しており、どのような場面で使用するのかという目的が明確でなければ検討できない。よって、仕事図鑑スタート時には、大崎上島町商工会の担当者を学校に招き、仕事図鑑制作の趣旨や目的を生徒へ直接伝達してもらった。教員からの依頼ではなく、第三者の地域の人からの依頼ということで、生徒の当事者意識も高まった。また、第1弾を制作した先輩に制作のポイントや、インタビュー練習のアドバイスなどをもらうこともできた。身近な先輩から伝えることができたため、これからインタビューをする生徒にとっては自信にもなり、先輩から後輩に受け継がれる流れもできてよい場となった。

第2弾制作時には、高校生ならではのできごとも起こった。造船・海運編の裏表紙には、大崎上島に古くから伝わる伝統行事、櫂伝馬の特集記事を掲載している。木造船時代に船大工の技術を競うための櫂伝馬が、今では櫂伝馬競漕として残っている。裏表紙の写真は、この櫂伝馬の船頭が大崎上島の大串海岸に集合して撮影したものである。東野地区と木江地区の船頭が一堂に会することは史上初めてのできごとであり、今なおこの日のことは語り継がれている。奇しくも、この日は40年に一度の大寒波の日。普段は穏やかな瀬戸内が荒波となり、白い雪が吹雪くなんとも忘れられない1日となった。写真に写る若者は、現代の海賊。島の未来を担う若手たちである。高校生は地域の人同士をつなぐ力を持つことを確信したできごとであった。

## 地域側へのイメージの共有は地域協働を加速させる

第2弾の意義としては、基幹産業であるため、当然ながら就業人口が業界別に最も多い。つまり、多くの仕事人が高校の取組を知ることになる。そして、高校生がこのレベルの冊子を制作できることを知り、同様の取組をする際に学校側へ依頼するきっかけとなった。実際、観光案内所が観光パンフレット制作を高校に依頼した。地域側が高校にお願いできることをイメージできた証拠である。

また、進路につながり始めた生徒が現れた。第1弾の制作に高校2年生で関わった数人が、高校3年生になり、推薦入試の面接で仕事図鑑の冊子を持参して自己PRをしたのだ。実際に自身が制作に関わっているため、質問を受けてもアドリブで対応できる。「最も身についた力はコミュニケーション力だ」と答えながらアドリブで受け答えしているため、説得力があったことは言うまでもない。進路に繋がる生徒もいたことで、さらに教員が前向きに地域活動に取り組み始めた。

# 3 仕事図鑑――第3弾「農業」

## 仕事だけではなく働き方も紹介する農業編

第3弾の「農業編」は、第2弾「造船・海運編」と並行して制作された。制作は半年程度の期間である。業界規模としては、造船・海運業には及ばないものの、兼業農家も含めると就業人数は同程度である。但し、農業の場合は、正社員以外の働き方があるため、農作物の種類だけではなく、家族経営、副業農家、自給自足など多様な農業との関わり方、働き方、ライフスタイルの紹介をメインとした。独立した農家、事業承継をした農家、農家を支援するＪＡ職員など、一つではない農業への関わり方によって、多様な働き方を感じながら生徒たちはインタビューを進めていった。

　また、教育課程外からスタートした仕事図鑑が教育課程内で実施されたのもこの時からだった。「総合探究」では、第1弾の仕事図鑑冊子をクラスに配布して、直接話を聞きたい人をアンケート形式で実施

した。配布してページをめくると教室のあちこちで「この人知っとる！」という、生徒同士のマウントの取り合いが始まる。後日、アンケートで最も直接話を聞いてみたいと声の多かった「デザイナー」「動画クリエイター」「鍼灸師」を授業に招いて講話をしてもらった。地域協働のカリキュラムに生徒の要望を組み込む第一歩である。最も人気の高かった仕事人にきてもらったため、全員がいつも以上に真剣に話に耳を傾けたのは言うまでもない。事前学習はもちろん仕事図鑑の記事を活用した。高校と地域の具体的な協働の実績があると、それが土台となり高校と地域が多層的につながっていく。大崎海星高校の場合は、仕事図鑑のプロジェクトが教育課程外で始まったことがきっかけで「総合探究」とつながり、それが起点となり少しずつ教科との往還も始まっている。

## 学びを最大化する3つの振り返り

計画的な制作期間であったため、生徒に振り返りの機会も設けることができた。仕事図鑑では、大きく3つの振り返りを行なっている。1つ目はインタビュー直後の振り返りシートの記入及び、参加メンバーによる振り返りの共有である。インタビュー直後の感情が高ぶって記憶も鮮明なうちに言語化して、写真係含めたメンバーに共有をする。2つ目は中間発表である。インタビューが半分程度終わった時に、インタビュー内容だけではなく、インタビューの成功事例や失敗事例の共有を全体で行う。３つ目は冊子が完成した際の完成お披露目会で半年程度の仕事図鑑の制作過程を振り返って、自身の進路やキャリアと紐づける。実際のインタビュー対象者にも参加して頂きフィードバックをもらう場である。このように、感じたことや学びを共有することで、仕事図鑑のインタビューの体験が経験として蓄積される。学びの共有としては、仕事のやりがいが意外と同じという共通性に気づくこともあれば、個々によって異なる個別性を感じることもあった。

仕事図鑑の冊子は、大崎海星高校の地域内への認知向上に大きく寄与した。どの学校も「地元地域へのＰＲ不足」という課題があるのではないだろうか。そこで、学校の取組が認知されていないからといって、学校の文化祭や運動会のチラシを地域に掲示したり配布したりしている。しかし、そもそも学校の情報は学校関係者でなければ興味がないので見ない。我が子が通っていない学校の記事を読みたくなるだろうか。地元地域への訴求のポイントの一つは、地域側を巻き込む際に、「学校」が切り口ではなく「地域」が切り口であることだ。例えば、文化祭のチラシであれば、地域に出展者を募り、出展者のお店の様子を写真付き、コメント付きで大きく紹介する。そうすれば、地域の人も知り合いが顔写真付きで載っているため、気になって読んでしまう。よく読んでみると、知り合いが載っている学校行事のチラシだったというわけだ。仕事図鑑も同様である。ページをめくると知り合いが載っている。「これは何の冊子だろう」と、製作者をみると高校となっているため、結果的に高校の取組の認知を広めるという仕掛けである。完成後、第2、3弾も全戸配布された。もちろん高校のホームページやInstagramなどWebの広報も欠かせない。繰り返し広報することで、徐々に認知が広がるだろう。

## インタビューの時間が進路相談に!?

インタビューは通常1時間弱程度であるが、インタビューが終わったにもかかわらず話が終わらない場合がよくある。仕事人から逆インタビューを受けることがあったのだ。高校生たちは「仕事のやりがいは何ですか?」「仕事をするうえで大切にしていることは何ですか?」「地元の好きなところはどこですか?」「休日は何をしていますか?」など、仕事のことやプライベートのことを聞く。その質問をそのまま仕事人からされることも多かった。往々にして高校生は、家と学校の往復で1日が終わる。よって、関わる大人は親か先生が多い。それを実際の仕事人からインタビューをされることで、これまで真剣に考えたことのないことをインタビューの中に考えることが多かった。「将来の進路はどう考えているの?」との質問に「まだ考えていません」と答えると、「じゃあ今一緒に考えようよ。今熱中していることってあるの?」と、なかなかごまかせない。

そこから派生して、引率の先生に質問が及ぶこともあった。「先生はなぜ先生になったんですか？」地域の人たちは素朴に質問する。生徒の目の前で逃げるわけにもいかないため、教員になる前を思い出しながら答える。問われた先生は、振り返りの中で「なぜ先生になったのか思い出しました。自分は仕事人みたいにキラキラしているだろうか」自身の日々の取組を振り返るきっかけになったのは間違いない。

## 仕事人たちの想いを形にした農家人生スゴロク

仕事図鑑には、通常の紹介ページだけではなく、各号特集ページがある。記事の文字数は号によって異なるが、農業編は350文字程度である。その限られた字数で1時間のインタビュー内容をすべて紹介することはできないので、農業編の場合は、裏表紙に農家人生スゴロクとして、農家さんの生き様を集約した。「台風通過。ハウスが壊れ修理に100万円」「仕事中に山の崖に2トン車を突っ込む」「息子が大阪にマンションを購入。後継者問題発生」といった実際に起こった問題から、「潮がいい。釣りに行こう。今日は農作業はお休みだ」「家に帰ったら玄関に野菜を発見。どうやら地域に溶け込めたらしい」といった農家ならではのできごとまで、事実を集めた人生スゴロクとなっている。

このページは、農業の後継者不足を解消したいという農家さんたちが小・中学生に是非農業に興味を持ってほしいという想いから、小学生もできるように読み仮名付きであり、スゴロクのコマは特産品の野菜や果物でつくられている。少しでも農業を身近で感じてほしいという工夫である。

# 4 仕事図鑑――第4弾「地域福祉」

## 県立と国立の学校間連携プロジェクトに発展

第２弾と第３弾が同時に完成したのが２０１６年３月である。完成した冊子は、第１弾に続き評価が高かったため、すぐに大崎上島町商工会から続編の第４弾について高校に制作依頼があった。地域で最も就業人数の多い造船・海運と農業の続編として、女性起業家等、キャッチーなテーマも検討されたが、協議の結果、次に地域で就業人口の多い、「福祉」がテーマとなった。大崎上島町には、移住者が人口の割に多く、以前から移住者の雇用の受け皿として、新規農業従事者の次に多かったのが福祉業界である。

そして、今回から同じ島内にある広島商船も仕事図鑑のプロジェクトに参画した。当時、広島商船も地域との連携を推進していくにあたり、熱心に取組を始めた時期であり、島の仕事図鑑のことは知っていた。学校間連携と一言で言っても、生徒同士の連携だけではなく、教員同士の連携もする必要がある。これまでは、内容の検討をする際には、学校内だけでチームをつくればよかったが、学校外との連携となったため、教員は出張届けを出して打ち合わせに行く。同じ島の高校ではあるものの、意外とこれまでにはなかった学校間連携のプロジェクトとして初めての取組であった。前例踏襲はよいこともあれば、悪いこともある。マンネリが起きやすい業界だからこそ、新しさを少しずつ加えて、マイナーチェンジをしていく。前例踏襲だけでは、当事者意識は醸成されない。一つでも新しい要素をアイデア出しのブレストをしながら入れていくことで、「私が発案した意見」が「当事者意識」へつながる。

## 異動を逆手にとる逆転の発想

結果的に仕事図鑑は10年継続するわけだが、プロジェクトの継続に関連して、「異動は障害にならなかったのか」と、視察団から聞かれることが多々ある。確かに、教員は異動を伴うため、熱量を継続していくことは困難である。しかし、私立でもない限り「異動」は避けられない。むしろ、事前に予想される異動は考慮した上で、人材の循環を行う。それが地域協働や探究学習が継続する肝である。

具体的には二つある。一つ目は教員チームの構築である。1人の担当者にお願いするのではなく、基本的にはサブをつけてもらう。しかも、発表会や生徒へのフィードバックなどは、担当ではない先生にも強制はしないにせよ巻き込む形で実施をする。先述の職員室の手の空いた教員へのインタビュー練習などもその一つである。それによって、学校として目指している方向性や取組の認知度を高める。

もう一つは生徒チームの構築である。しかも縦のチームである。新しいメンバーで仕事図鑑が始まる際には、どこかのタイミングで先輩の取組を知る機会をつくる。例えば、仕事図鑑の完成お披露目会を在校生向けに開催したり、参加した先輩を相手に仕事図鑑のインタビューを練習したり。このように、教員チームや生徒チームを少しずつ構築しながら、学校全体の土壌を耕していく。

## 地域協働の段階に合わせた体制変更

大崎海星高校では、教育課程内の地域連携や教育課程外の地域連携など、仕事図鑑に限らず徐々に地域連携が増えてきた際に、地域系部活動の「みりょくゆうびん局」が1年間の同好会を経て設立された。この動きは、教育課程外の、これまでどこにも位置付けていなかった活動を教員が参加しやすいようにするために、学校内の規定に則って新しく位置付けたものである。これによって、専属の教員が就き、活動費の捻出等が可能になったことで動きやすくなった。学校と地域の協働にも段階がある。それに合わせて、学校の体制を絶えず見直すことが肝要なのであろう。

仕事図鑑制作にあたり大事にしていたことの一つに、「教員も学んでいるということを生徒に伝える」ということがあった。先生と生徒という垣根を越える。仕事人の前ではあくまでフラットである。仕事人へのインタビューは教員にとっても刺激的である。それを生徒に伝えてもピンと来ないので、インタビュー直後の振り返りには引率教員も参加した。教員の振り返りを生徒に共有することで、生徒の振り返りは「楽しかったです」「新しい価値観に触れることができました」から「私にとって面白いと感じた話は特に○○の部分です。というのも普段から○○について考えており……」「新しく○○という価値観に触れることで、これからの自分の行動も○○のように変わる……」というように、これまでの自分の経験に紐づけたり、これからの進路に紐づけたりできるようになった。

また、教員の振り返りを共有することで、「教員も学んでいる」という大人の背中を見せることもできる。従来の先生と生徒の「教える教わる」から、「お互いに学び合う」という新しい関係性構築による教育観の転換の一歩となっている。

## すべては「育てたい生徒像」の共有から

地域協働学習は、往々にして体験重視となってしまいがちである。実際、仕事図鑑制作についても、そもそも仕事人の話は高校生にとっておもしろい。よって、仕事人の話を聞くことだけでも意義はある。しかし、生徒の学びを最大化するには、育てたい生徒像の設定が欠かせない。仕事図鑑の第1弾は、先述の通り急に決まって動き出したので、なんとか制作して形になったということが大きいが、第2弾以降は、育てたい生徒像の共有を担当教員で行って、評価をするアンケート項目を作成してから活動が始まった。

第4弾については、初めての学校間連携ということで、教員同士の目線合わせから行った。各学校の育てたい生徒像の共有、教員が実感している生徒の持つ課題、そのすり合わせをしてからのスタートである。手間も労力もかかるのだが、それらを踏まえると生徒への声かけの統一感もあり、ワークショップの振り返りの観点もそろってくる。

また、仕事図鑑の成果の一つとして、第4弾に前向きに関わった生徒が卒業後そのまま福祉業界に就職した。しかも自分がインタビューした事業所にである。これにはインタビュー対象者も驚いて、「今後、協力できることがあれば、なんでも言ってください」と、学校側に協力依頼の連絡があった。仕事図鑑は、事業所にとっては人手不足解消の一助となり、生徒にとっては就職の前にどのような人が働いているのかを知ることができる貴重な機会になったということである。結果論ではあるが、高校との関わりのなかで、地域側がメリットを感じたできごとの一つとなった。

## 5 仕事図鑑――第5弾「学びの島」

### 「学び」と向き合う第5弾

第4弾の地域福祉編の反響も大きかった。最もよく聞いた声は「当たり前だと思われている仕事をインタビューしてもらってありがたかった」というインタビュー対象者の声である。この声は第1弾制作の時にも聞かれた。いわゆるエッセンシャルワーカーと呼ばれる人たちは、仕事自体が当たり前だと思われているため感謝されることもないと嘆いていた。それが、こうやって高校生にインタビューをされたことで、仕事のやりがいを思い出し、高校生がキラキラした目でインタビューをしてくれて、記事になったことでさまざまな人たちに声を掛けられたことについてとても感謝していた。島の仕事図鑑は、地域で働く人たちの自己肯定感も高める効果もあるかもしれない。

さて、第5弾のテーマは、満を持して「学びの島」となった。大崎上島町が行政計画の最上位と

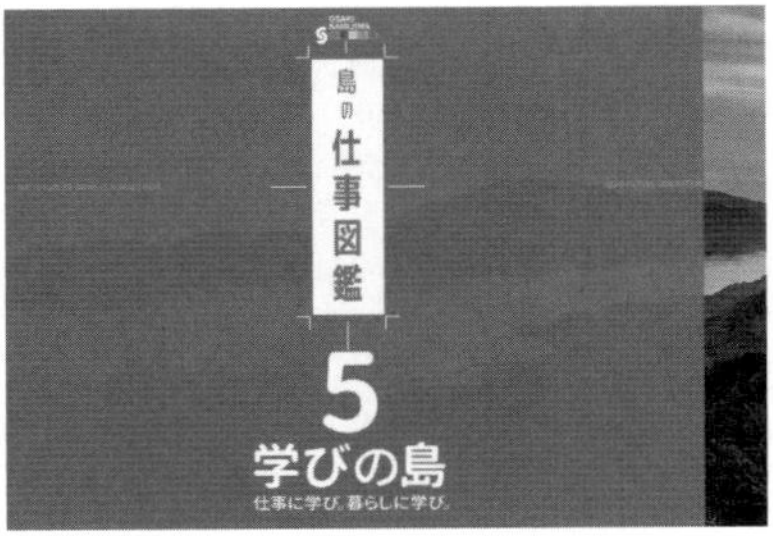


して掲げている「教育の島」をもう少し幅広く捉えて、「教育」を「学び」に変換し、仕事人に仕事をするうえでの学びをインタビューの柱に据えながら人選を行った。これまでは「仕事のやりがい」や「仕事での失敗事例」「休日の過ごし方」「地域の好きなところ」など、仕事や暮らしについての質問が主であったが、「仕事を通じてどのような学びを得たのか」「あなたにとって学びとはなにか」など、「学びの島」のテーマに沿った質問も追加された。実際に、インタビューでは「学びとは自分の人生をよくすること」「地域での経験が学びに繋がる」「日々学ぶ」「地域と共に成長している」など、キャッチフレーズも「学び」を押し出している。

## 地域協働が教科学習へ波及

第5弾ならではの特長としては、教科学習との往還が始まったことだろう。第5弾で始めて、生徒が作成した記事が掲載された。その記事作成を高校2年生の「国語表現」で行ったのだ。担当教員も以前に仕事図鑑で生徒引率をしたことがあったため、イメージの共有は容易で、「国語表現」

の4時間を使って記事作成を行った。授業内容はとてもシンプルな内容である。インタビューしたメモをグループごとに配布して、魅力的な記事を書いて写真を選択することである。1コマ目に趣旨説明及び、魅力的な文章の書き方を国語教員からレクチャーした。最終的には、グループごとに投票をし、最も投票数が多かったグループの記事がそのまま掲載されるとして、生徒には案内をした。自分の書いた記事がそのままの形で掲載されることを伝えることで、責任感が増し、真剣に記事作成をするのである。推敲に推敲を重ねて、自分のボキャブラリーを活かし、記事の中の人を魅力的に紹介した。授業後のアンケートでは、「自分の文章力のなさを知って、勉強したくなった」「普段学んでいる国語がどのような場面で活用されるか分かった」など、「教室」と「社会」がつながる学びの場となったようである。

また、仕事図鑑の目的は生徒の資質・能力の伸長にあるため、振り返りに力を入れている。特に第5弾は「学びの島編」というテーマにも設定しているため、14ページには「取材チームのたくさんの気づきと学び」と題して、参加者の振り返りを記載している。そこには、「学びって一生続けられるもの」「自ら意欲をもち学ぶことの大切さを知る」「日々の積み重ねが学び」といったように、インタビューで学びについて聞いたことを踏まえて自身にとっての学びの意味を考えていることが分かる。また、「意味と意志をもって仕事をしている」「家族のために働いているというすごさ」「お金のためと思ったけど、ただ楽しくて仕事をしている」のように、仕事観について考えることもできた。最後に、仕事図鑑制作の過程で「会話を続ける力が養われた」「初対面の人と話すことを実践できた」のように、資質・能力伸長に資することを振り返っている生徒もいた。

## 学校と地域の理解を深める完成報告会

毎回、仕事図鑑の冊子が完成した際は完成報告会を開催している。報告会に招待するのは、町長、商工会会長、仕事図鑑のインタビュー対象者である。そこで発表する内容は、どのような人たちにインタビューをしたのか、インタビューを通じて何を学んだのかである。毎回必ず行う生徒たちの振り返りでは、「地域にこんな面白い人がいるとは思わなかった」「自分の進路を考えるうえで参考になった」「将来、地域に帰ってきて仕事がしたくなった」など、仕事だけではなく、地域の捉えにも影響を与えていることが分かる。なぜならば、インタビュー項目では、仕事の内容だけではなく、地域に対する想いも聞くからである。地元生も域外から通学している生徒も、仕事図鑑がなければ、そのような地元地域の想いに触れることはなく卒業していただろう。

この発表会は、学校と地域がつながるチャンスでもある。高校と地域の協働がますます全国で広がっている。コミュニティ・スクールやコンソーシアムなど協働体制の形態はさまざまだが、関係者が一堂に会するのは会議の場合が多い。ただし、つながったあとに具体的にどのような関わりで進めていけばいいのか苦慮する学校や地域が多いようである。そのような場合は、生徒の発表会に地域側の協力者を招待するのも一つの方法である。その際に、関わろうとしている高校生の実態を知ると共に、具体的にお願いしたいことも伝えるのだ。「地域だったらこの人に話を聞いても面白いかも」「そういうプロジェクトに興味関心があるならこの地域イベントに来てみないか」「地域行事のこの部分を担当してみないか」など、お互いの理解が深まることで次のステップに進むことができる。

## 地域協働の土壌をつくる幅広い「関わりしろ」

ここで学校内の体制についても改めて触れておこう。「担当教員」を決めることは責任の所在が明らかになる一方で、それ以外の教員と明確な線引きを引いてしまい、「担当教員」と「担当教員以外」の間に大きな溝をつくってしまいがちである。よって、担当教員による個人の取組から学校全体の取組に至るまでにはいくつか工夫及びステップが必要である。仕事図鑑も例外ではなく、はじまりは現場の1人の先生からだったが、いつのまにか学校全体の取組となり、学校の特色の一つだと言うまでになった。それを徐々に広げていくためには、「関わりしろ」をできるだけ幅広く用意しておくことである。関わりしろとは、地域と関わる複数の機会を指す。例えば、仕事図鑑の場合は、担当者以外にも、インタビュー練習、インタビュー時の送迎、インタビューの同席などである。しかも、意図的に生徒の変容に出会うように工夫する。それによって、お願いされるという、一方向的な関係から、価値を感じて前向きに関わるという、双方向的な関係性を築くことができる。

## 6 仕事図鑑——第6弾「継ぎて」

### 定住・移住問題から事業承継問題へ

第6弾のテーマは「継ぎて」である。ご承知の通り、離島・中山間地域の喫緊の課題は人口減少・少子高齢化である。その中でも特に経営者の集団である商工会にとっては、「事業承継」が取組の最重点事項となっている。このテーマは、そのような状況下の商工会担当者との対話のなかで自然と絞られ、決定された。「継ぎて」と一言でいっても、いくつも種類がある。家業の電器屋を承継、親族の卸売業を承継、地区の商店を承継、塩田跡地を承継して養殖事業を経営、旅館業を承継して新規の特産品開発、前の人が辞めるタイミングでハウスを引き継いだトマト農家、移住して漁師をしながら空き家を引き継ぎ和食カフェ経営など、さまざまである。そのさまざまなケースについて、

「継ぎて」というテーマに沿ってインタビューを行った。

また、毎号インタビューが一通り終わったら、生徒の振り返りを兼ねた「みらい会議」という場をつくっている。第6弾であれば、2月18日に他校も招いて対面で行った。内容としては、インタビューをしての学びの共有とテーマについてさらに深く地域住民や仕事人を招いて対話をすることである。「学びの島編」というテーマに沿って、インタビューのなかでの学びを共有し、「自分たちにとっての学びとはなにか」ということを、大学生も招いて議論をした。当日は、広島県内外の8校に声をかけ、51名が集まった。前半は自地域の「事業承継」をしている事業者へのインタビューを事前学習として課したので、会場には実に51の「事業承継事例」が集まった。内容については、来賓として招いた大崎上島町商工会の会長から「大変意義深い」とご講評頂いた。後半はインタビューをした事業者をモデルとして、新しいビジネスアイデアの創出ワークショップを行った。講師として、起業創業塾を全国20ヶ所以上で展開する株式会社エコカレッジの尾野寛明さんを招聘した。

## 予算確保問題と向き合う

仕事図鑑を制作するときに一つ問題となるのは、冊子を制作する際の金銭的な負担をどうするかである。もちろん、学校でデザインに堪能な教員がいる場合は、その先生が担当したり、印刷についても業者に発注しなくても高校内で印刷できたりする場合もある。

大崎海星高校の場合は、仕事図鑑1冊のデザイン費は約30万円である。その費用は第6弾までは大崎上島町商工会が負担している。費用の捻出にあたっては、費用負担をしている団体にとってのメリットを生み出さなければ続かない。第1弾のテーマは「定住・移住の仕事紹介冊子」であった。そして、第6弾では、大崎上島町商工会はもちろん、全国の商工会の最重要課題である「事業承継」をテーマとした。事業承継の現状を共有したり、事業承継の実践事例の紹介として、冊子があれば大変助かる状況であった。だから予算措置されているのだ。

生徒の探究活動や地域協働活動のテーマが地域の持つ課題に設定されていることは、一つのポイントではある。しかし、課題に設定されていることだけでなく、それに向けた取組が地域側にとってメリットがある、もしくは、関わりたくなるようなことなのかを問う必要がある。例えば、「事業承継」をテーマにすると、商工会としては予算措置の理由づけだけではなく、人的な支援などの協力もしやすい。インタビュー候補者の選定についても受け身ではなく、積極的に提案をしてくれるだろう。また、予算措置をする意義を伝えることを怠ってはならない。可能であれば、決済権者への直接の訴求もいいだろう。毎号に共通しているのは、仕事図鑑最終発表会に、必ず大崎上島町長と大崎上島町商工会会長を招いている点だ。そしてそこでは、高校生が「なにを学んだか」という学校側の視点だけではなく、これが地域にとって「どんな効果がありそうか」もしくは、仕事人も招いて、地域側のメリットを直接伝えてもらうようにしている。

往々にして、教育予算は削られやすい。だが、定住・移住予算や産業振興なら予算措置の可能性がある。関係人口創出なら、SDGs関連なら、アントレプレナーシップ教育なら……。このように、どの分野の予算を狙うかによっても、地域側の協力度合いも変わってくるのである。そちらに寄せて実際に予算措置という目的を達成しながら、結果的に生徒のためにもなっている。そういう進め方も一つ考えられる。

また、「教員の異動」は、事業を継続するにあたってできない理由の一つとして槍玉にあがりやすい。「あの先生がいるからできる」問題である。しかし、異動は好機と捉えるべきである。実際、第6弾で他校と連携できたのは、これまでに一緒に仕事図鑑を制作した教員が異動で移った高校でも同じように地域連携を始めたからである。

## オリジナリティのための特集ページ

毎号、仕事図鑑にインタビューページと特集ページに分かれている。インタビューページは、該当する号の「テーマ」に沿ったキャッチフレーズと記事が書かれる。特集ページは、インタビューから派生した内容を組んでいる。

例えば、第3弾の農業編であれば「農家人生スゴロク」であったり、第5弾であれば「みらい会議」の当日の様子や「取材チームの振り返り」である。そして、第6弾では、生徒たちに全くの白紙で渡した。本人たちに伝えたのは、「継ぎて」というテーマに沿ったものであること、読み手を想定して読み手が知りたい情報であることの2点である。担当したのは、全国募集で島外から大崎海星高校に入学した生徒たちである。結果的には、「島の高校生が食べに行きたいお店」をテーマに地域のお店が7ヶ所紹介された。後日聞いた話によると、本人たちの地域のことが知りたいという想いと定住・移住冊子という側面を加味して、島を訪れた人に食べてほしい飲食店の紹介となった。場所と写真だけではなく、高校生らしい端的な一言でお店が紹介されている。「珈琲　陶　コーヒーは2杯分！　カップが選べるのが楽しい」「喫茶スイング　島でパフェ」「お好み焼き　ほていや　しっとり甘め！　麺はふわふわ柔らか」などである。

## 冊子づくりから書籍発刊へ

第6弾を最後に、大崎上島町商工会の予算措置は終了した。デザイン費と印刷費併せて毎回1冊あたり50万円程度の費用を捻出し続けることが困難となったという事情もある。そこで、協議の結果、第7弾以降は高校の「広報費」として捻出することにした。「定住・移住」から「事業承継」そして、「高校ＰＲ」の冊子へと仕事図鑑の位置付けは移り変わっている。

また、第1弾から第5弾までの取組が、２０２０年8月に『教育の島発　高校魅力化&島の仕事図鑑――地域とつくるこれからの高校教育』として、学事出版から書籍として発刊されている。本書は、大崎海星高校魅力化プロジェクトの最初の5年を仕事図鑑の発刊に重ねて、高校と地域の協働に関わるさまざまな立場から、高校と地域がつながり、協働していく過程を描いているので詳細はそちらを参考にされたい。

# 7 仕事図鑑──第7弾「ひろしまの仕事図鑑」

## コロナ到来、逆境で浮かんだアイデア

2020年頃から始まったコロナによって、全国的に地域活動が制限された。ご多分にもれず、大崎海星高校でもほぼすべての地域活動が休止。高校と地域が断絶状態になってしまった。地域活動ができると期待して入学した生徒は、「こんなはずじゃなかった」と後悔を口にした。日々の状況に戦々恐々とする学校現場であったが、早々にオンラインに切り替える学校もあれば、オンラインに対応できず活動を休止する学校も相次いだ。今年度も仕事図鑑制作を計画していた大崎海星高校は、緊急の会議を開催し、対応について協議した。数回の会議を重ねてたどり着いた結論は、コロナ禍であっても学びを止めない。むしろ、コロナ禍だからこそできる学びを模索しようということだった。

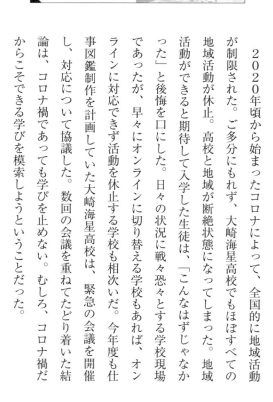

そこで思い浮かんだアイデアは、学校をつないで学校間PBL（プロジェクト・ベースド・ラーニング）である「ひろしまの仕事図鑑」をテーマとすることだった。テーマが決まったので、早速協力してくれそうな広島県内の高校に声をかけた。公立高校の学校間連携ということで、教育課程内ではなく、教育課程外の放課後の有志の活動として始動した。実は、他校もコロナ禍で地域活動が制限され、どのように対応するかは苦慮しているとのことだった。当時、仕事図鑑が全国に広がりつつあり、広島県内でも数校が真似をして取り組んでいたので、過去に制作したことのある高校に声をかけた。参加した高校は因島、御調、安芸南、広島観音、そして大崎海星の5校である。

## 逆境を逆手に、フルオンラインプロジェクト

第7弾の特長としては、5校連携の完全フルオンラインPBLにある。これまでも、学校間連携であれば、同じ島内の広島商船との連携があったので、特段問題はなさそうだった。ただ、5校35名の取組ということで、「はじめまして」のメンバーがオンラインで始まり、一度もリアルで集まることがなくオンラインで終わるという戸惑いもあった。

内容としては、チームビルディングから最終の振り返りまで全10回のワークショップで構成された。初回は、住んでいる地域が違うので、地域や学校紹介から始めた。また、毎回行っているプロ

のカメラマンの写真の撮り方講座や、プロのライターによる記事作成講座もすべてオンラインで行った。記事作成のワークショップでは、各学校の特色が生きるように学校をキャッチフレーズで紹介した。例えば、御調高校であれば「個性の群れ　御調高校　基本ソフトに！　時にはハードに！」である。高校生の遊び心満載のキャッチフレーズは、裏面の高校紹介ページに使用されている。ちなみに御調高校は、ソフトボールが有名である。

また、写真だけではなく、すべての記事作成を高校生が担当したのはこの号からである。文章と写真をそれぞれ誰が担当したのか、文章の最後に名前と高校名を挿入している。本名でもペンネームでもどちらでも構わないが、名前を挿入したことで責任感が増し、記事の質を担保したことはいうまでもない。

仕事人へのインタビューについては、各学校にお任せしたので、オンラインで行った学校もあれば、対面で行った学校もあるようである。写真も、マスクをしている写真もあれば、していない写真もある。各学校の立地によって職業はさまざまで、例えば島の学校であれば「ウェイクボーダー」、中山間地域の学校であれば、「熱帯果樹園」、広島市内の学校であれば「新聞記者」や「アナウンサー」など、地域性が見られる。

## 地域協働とワークライフバランス

往々にして地域協働学習は、教員の働き方との関係が問題になる。実際、全国の先進的な学校では、地域協働学習を推進すればするほど、業務を圧迫している現状が見られる。２０２０年度から始まった「地域との協働による高等学校教育改革推進事業における成果検証事業」（文部科学省）でも、インタビュー対象校12校のうち、すべての高校が地域協働学習が業務を圧迫していると回答した。だからこそ、足し算だけではなく、引き算も必要である。つまり、地域協働学習と働き方改革のバランスがとれている学校では、地域協働学習を推進すると同時に、業務改善や業務削減にも取り組んでいる。普通の業務だけでもいっぱいいっぱいの現場に、足し算だけでは続かない。

大崎海星高校の場合、仕事図鑑と関連して業務改善や業務削減で取り組んでいることは、大きく２つある。

１つ目は生徒に委ねることである。例えば、オンラインで10回のワークショップを実施したが、教員が待機していたのは、始まりの2回と中間発表、最終回などの要所である。オンライン時のトラブル対応などをしながら生徒の学びを見守っていたが、生徒たちは我々が思っているよりずっとたくましい。自分たちだけでオンラインでつながり、アイスブレイクをして場を和ませ、司会をして進めていく。地域協働学習や探究学習では、教員の「手放す」「見守る」「委ねる」が試されている。2つ目は地域に移行すること。仕事図鑑に限った話ではないが、教育課程内であっても教育課程外であっても、地域側が主体的にカリキュラムづくりに関わったり、地域とのつながり役となったり、授業をファシリテートして進めたりと、生徒の最低限の安全管理はしつつも、地域に任せる幅を増やしていくことも必要である。もちろん、一朝一夕でできることではないが、幸い地域側の関わりのある人は、ほとんどの場合地域に根付いている人であるため長い目でみると、教員が地域住民にノウハウを伝達していくことも必要だろう。

# 8 仕事図鑑――第8弾「旅する仕事図鑑」

## 白紙から生徒と創る仕事図鑑

第8弾は第7弾までに培ったノウハウや地域連携の土台を活かし、本誌コンセプト、取材先、取材内容を決めるなど、白紙の状態から生徒が中心となって制作された。島の仕事図鑑プロジェクトは、第1弾～第7弾にかけて毎年少しずつ生徒が関わる部分を増やしており、第8弾はその集大成にあたる。自分たちで決める楽しさを起点として、生徒の「主体性」「協働性」が発揮された一冊

である。内容としては大崎上島を飛び出して、安芸灘とびしま海道を舞台とした。

安芸灘とびしま海道（以下とびしま海道）とは、下蒲刈島から愛媛県今治市の岡村島までを7つの橋で結ぶ海道の名称である。これまでの冊子同様、仕事や島暮らしを高校生の言葉でまとめており、冊子はとびしま海道の各地や県庁にて配布されている。

コンセプトづくりから関わった生徒との話し合いにより、まずはじめに「旅する仕事図鑑」という題名が決まった。コロナウイルス感染症の影響を受け、さまざまな制限の中で生活していたこともあり、「おもいっきり旅をしたい！」という生徒の声がきっかけである。大崎海星高校の地域と連携した伝統行事である「旅する櫂伝馬《かいでんま》」とも通じる部分があり満場一致で決定した。

## 地域住民の声からニーズを知り、ターゲットを決める

本当に地域で役に立つ一冊を作るためには、生徒がやりたいと思うアイデアに加え、地域住民のニーズや課題感を理解することが必須である。そこでとびしま海道でカフェを営む宮川トムさん

（以下、トムさん）にオンラインでヒアリングを行った。移住定住の取組や地域の様子について聞いたことで、イメージができた。その後、生徒たちと話し合い冊子のターゲットを子育て世代とした。トムさんはこれまでの仕事図鑑作成にて、講師を務めたこともあり高校生の活動に理解がある。その後もとびしま海道側の窓口を務めてくれたおかげで、とびしま海道に住む地域住民の全面協力の下、活動することができた。

大崎上島からとびしま海道まではフェリーで片道15分である。しかし、とびしま海道にほとんどの生徒は訪れたことがない。さらに生徒から地域について知りたいという希望もあったため、次に企画メンバーで下見に出かけた。

最初の下見では、大崎下島、岡村島を訪れた。柑橘で栄えた大崎下島は、大長みかんや大長レモンのブランド柑橘が有名である。港町「御手洗」には、江戸時代の町並みがそのまま残っており、古民家を活用した新しい飲食店や宿泊施設に世界中の観光客が集まっている。

岡村島はとびしま海道の終点の島である。フェリーで今治港と大三島へ繋がっているため、しまなみ海道から渡ってくるサイクリストに人気である。サイクリング好きの生徒は自転車で島を周り、海風を感じながら、地域の様子を調べていた。

2回目の下見では豊島、上蒲刈島、下蒲刈島を訪れた。豊島は漁師町である。豊島太刀魚が名物で春にはひじき漁も行われている。上蒲刈島はとびしま海道で最も大きな島である。藻塩作り体験、シーカヤック、いちご狩りなど魅力的なアクティビティも楽しめる。下蒲刈島はとびしま海道の玄関口にあたる島である。安芸灘大橋で本土とつながっており、日本式で作られた美術館や文化施設が残っており、若者が始めた飲食店やカフェも人気である。

大崎上島とのつながりを感じる出会いもあり、本誌にはこの下見中にその場で生徒が取材交渉した記事も掲載されている。

## 夢中になる取材活動

下見の内容を元に取材先が決まり、いよいよ冊子作成に向けて本格的な準備が始まった。今号はインタビューメンバーの募集など、普段大人で行う準備も生徒たちと丁寧に話し合いながら行った。写真の撮り方講座では、広島商船写真部に協力いただき、学生同士で交流しながら実践的なスキルを身に着けた。取材はコロナ下での活動できる機会も限られていたうえに、いつ取材が中止になるか分からなかったため、わずか3日間で12か所を取材しなければいけないという大変ハードなスケジュールであった。さらに修学旅行や定期テスト明けであったこともあり生徒たちの体力が心配だった。

しかし、この取材で大人たちは、楽しさが疲れを超えるという場面を目の当たりにした。驚くことに取材を終えてフェリーから降りてきたすべての生徒が、「楽しかった!!」と笑顔で帰ってきたからである。それに加えて、取材前には役割分担を確認したり、地域の市場で事前取材したりするなど自分たちで考えて工夫する様子も見られた。また、取材では畑で農家の仕事や地域での思い出を聞いたり、海辺に座って将来の夢を聞いたりするなど、とびしま海道に住む地域住民の生きた声を聞き大満足だった。そのような話や生徒たちが地域で得た経験をとびしま海道の仕事や島暮らしという観点でまとめ、本編は完成した。

## 特別企画！　生徒のやりたいことを実現！

第8弾では本編に加え、生徒のやりたいことに取り組む企画を実施した。概要を紹介する。

### 企画1　仕事図鑑でつなぐ学校交流

仕事図鑑に取り組む高校と交流したいという生徒の声に応え、仕事図鑑制作に取り組む北海道大空高等学校、広島県立因島高等学校と仕事図鑑を活用し交流した。前半は地域や学校の特徴について各学校から紹介し、後半はグループに分かれ仕事図鑑や学校の共通点や相違点について考えた。オンラインでの交流を充実させるために、それぞれの地域の特産物を郵送するなど工夫した。

**企画2 「あそこで鬼ごっこしたよね」ふたりが語るみらいの仕事**

2年生が中心となり、身近な友達について紹介したいと、とびしま海道出身の友達に取材し、記事を作成した。本編には地域住民との思い出や将来の夢についてまとめている。

**企画3 【高校生が食べる！ 食べる！】お土産大調査**

「とびしま海道で見つけた美味しいものを知りたい！」という素直な気持ちから特別企画として、とびしま海道出身の生徒からおすすめされたお土産を食レポとしてまとめた。

第8弾では白紙の状態から生徒が中心となり、大人、地域住民と協力しながら1冊を作った。生徒たちは、事前準備から関わったことで当事者意識が育ち、さまざまなハードルが見つかったとしても、楽しさで乗り越えた活動であった。

企画メンバーとして関わった大崎海星高校の岸田桜波さんは、この仕事図鑑で「かけがえのない出会いがあった」と語る。下見や取材で訪れた時に乗ったフェリーが好きになり、フェリーが廃止されると聞いた時（現在は運航中）になにかできることはないかと考えた。試行錯誤を続ける中で、特技である写真撮影を活かして、フェリーの中でとびしま海道の写真展を開くというアイデアが浮かんだそうだ。実際に写真展を開催した時には、旅する仕事図鑑で出会った地域の方達が協力してくれ、嬉しかったと語っている。地域のために何かやりたいと一歩踏み出す時に白紙からプロジェクトをやり遂げた経験が活かされており、それぞれの形でつながっている。

## 9 仕事図鑑——第9弾「あつまれ☆海星仕事図鑑」

### あつまれ☆卒業生！「大崎海星高校で」創る仕事図鑑

２０２２年度も、白紙の状態から企画がスタートした。企画メンバーに参加した生徒は6名である。昨年、コンセプトつくりから関わった2年生が参加したことで、初めて企画に参加する1年生も見通しを持ちながら活動できた。企画の進め方が毎年変わることも、生徒とゼロから仕事図鑑をつくる面白さでもある。２０２２年度は最初に冊子の目的が決まった。主に次の二つである。

一つ目は、中学生に大崎海星高校の魅力を伝えることだ。中学生と交流する機会は年内に何度かあるのだが、大崎海星高校の魅力が充分に伝わっていないことに生徒たちはモヤモヤしていた。実際、入学後に初めて知る取組が多く、もったいなさを感じていたのである。実際に２０１７年から入学生における大崎上島中学校からの進学率は年々下がっており、地元進学率増加のために、さまざまな取組を行っている。その効果も少しずつ出てきていたが充分ではない。そこで、卒業生から学校生活について聞き、まとめた冊子を読んでもらうことで大崎海星高校の魅力を伝えたいと生徒たちは考えたのだ。

二つ目は、大崎海星高校のさまざまな活動の価値について生徒自身が知ることだ。大崎海星高校には、「総合探究」の「大崎上島学」や、学校の魅力を全国に届ける部活動「みりょくゆうびん局」など、やりたいことに挑戦できる環境が整っている。企画メンバーの生徒たちはそれらに積極的に参加していた。しかし、たとえやりたくて始めたことだったとしても、気が付けばタスクが増え、目的を忘れてしまいやるだけで精一杯になってしまうことに悩んでいた。

その過程も経験しつつ、距離の近い地域の反応も見ながら、活動の価値について再認識できる。

## インタビュー先が見つからない!?

コンセプト、ターゲットが決まったので、次は取材先探しである。ここで大きな壁が待っていた。想像以上に卒業生が見つからなかったのだ。

最初に、大崎上島町内へ就職した卒業生やUターンした卒業生を探した。するとすでに過去の仕事図鑑に掲載されていたり、大崎海星高校と深く関わりがあったりする方ばかりであった。島内で卒業生を探すことも一苦労だったのに、まして県外に住む卒業生はより大変である。

大崎海星高校の卒業生の大半は進学、就職のために島外に出ていく。そうなると卒業生がどこでどのような生活をしているか知る機会が限られてしまう。島内の卒業生に聞いて、名前が分かったとしても、今度は連絡先が分からない。高校卒業後に、高校と疎遠になっている場合も多かった。

地道に地域住民へヒアリングしたり、帰省中の大学生に聞いたりして、夏休みまで活動した。しかし、約2か月かけても十分な取材先を見つけることはできなかった。このような状況で知恵を貸してくれたのは学校の先生だった。学校創立当時にも勤めていた体育の先生は、校長室にある卒業アルバムを1冊ずつ見ながら1期生や2期生の現在の仕事や様子について教えてくれた。卒業アルバムを見ながら、かつての思い出を語る先生が大変嬉しそうで印象深く残っている。その後も非常勤の先生や、地域みらい留学1期生を受け入れた際の学級担任のおかげで、老若男女、年代も異なる多様な取材先を見つけることができた。

## オンライン、オフラインを活用して全国各地の卒業生を取材！

取材はオンライン・オフラインを組み合わせて実施した。大崎上島町内で働く卒業生には、できるだけ勤務先で取材をすることで地域について知る機会になるように工夫した。港で漁師の話を聞いたり、郵便局の裏側に入ったりするなど、普段とはまた違った島内での経験を得ている。県外で働く卒業生にはオンラインで取材した。ＩＣＴ機器を活用することで、遠方の卒業生に取材できたことはこれまでにない形である。

本誌には、島内・島外で働く人に加え、ボートレーサーとして全国で活躍する方まで、全国各地の大崎海星高校の卒業生を取材してまとめている。大崎海星高校の魅力は一人ひとりの個性を伸ばし、それを伸ばす風土にある。多様な先輩たちの進路や学生自体の話からも、それらが垣間見えるので、ぜひ本編をご一読いただきたい。

## 「ちょっと先輩」にインタビュー！

特別企画では社会人ではなく大学生にインタビューした。仕事の内容というよりも大学生活や将来の目標について聞き、高校生の少し先の未来を知る機会となった。有名テレビ番組で通訳を務め、卒業後には教師を目指して海外大学院へ進学を目指す先輩には、学生生活だけでなく、英語の勉強方法や悔いのない高校生活の過ごし方など率直な疑問を聞いていた。

みりょくゆうびん局の初期世代にあたる２０２０年の卒業生との座談会は、離島、都市部、世界をつなぎ開催した。高校生や大学生の留学を支援する文部科学省「トビタテ！留学JAPAN」を活用しタンザニアに留学した先輩、地域みらい留学という制度を活用して都会から島で高校生活を過ごした先輩の話を聞いた。当日、語学留学中に参加した先輩もいる。生徒たちは先輩たちの大学生活に加え、高校時代のそれぞれの挑戦を聞き応援してくれる人の温かさを感じたという。「長期休み期間中には島に帰ってくる」と明言し、再会も約束した。

また、第9弾は大崎上島の中学校に全校配布された。同中学校出身の企画メンバーが配布に出向いた際には、先生や後輩たちがみんなで読んでくれたことが大変嬉しかったそうだ。

大崎海星高校の卒業生にとっては、高校のクラスメイトの進路や就職先について知る機会にもなり、大変喜んでいた。高校卒業後に再会する機会がほとんどなく、どのような人生を歩んでいるか知る機会があまりなかったため、仕事図鑑を見て非常に懐かしかったようだ。在校生が卒業生とつながっただけでなく、卒業生同士もつながる1冊になった。

企画メンバーの谷野沙祐さんは、先輩たちの話から「それぞれの時代の文化を感じ、自分にしかできないことを見つけて私たちの海星高校を創っていきたい」と語る。先輩たちの人生や学生生活から学んだことを活かして、変化の激しい世の中で自ら人生を切り拓く「時代の航界士」を目指し、それぞれの未来に向かってこれからも挑戦を続けるだろう。

## 10 仕事図鑑の変化

島の仕事図鑑は、2014年度に始まって以来、10冊目に至るまでになった（10冊目は本書刊行時は作成中）。しかし、コロナウイルス感染症によるさまざまな制限や新学習指導要領の本格実施など、社会情勢や教育業界における変化は非常に激しいものであった。このような大きなうねりの中でも歩みを止めず、試行錯誤を続けてきた仕事図鑑の変化を振り返る。

### 生徒・学校・地域が「三方よし」へ

第1弾～第7弾にかけては、当事者意識を醸成するために、少しずつ生徒の関わりしろを増やした。前述の通り、第1弾では、ほぼすべて大人が段取りを行い高校生はただこなすだけであった。移住・定住促進の冊子として質の担保を考えた時に、大人も答えが見えない状況で高校生にコンセプトやターゲットといった枠組みから任せることは、当時はさまざまなリスクを考えてできなかった。しかし、地域住民の反響や生徒たちの前向きな変化を見て、高校生の関わりは自然と増えた。

特に第4弾～第7弾と続く過程では徐々に仕事図鑑に関わる生徒と大人の関係性も変化した。仕事図鑑が始まった当初は、大人は生徒を支え、生徒はそれに支えられるいわゆるタテの関係だった。それが生徒と教員の役割分担が徐々に分かってきたこともあり、生徒に意見を聞きながら、教員が一緒につくっていくというヨコの関係に徐々に変化したのだ。ヨコの関係とはお互いが助け合う人間関係であり、それにより生徒が自分の意見を言いやすい雰囲気が生まれた。すると、より生徒の主体的な行動は増えていった。

そして、第8弾~第10弾は白紙の状態からスタートし、高校生の意見を中心にして制作している。すると、学校が地域から依頼されて制作された冊子に、高校生の意見が反映されるようになり、生徒自身が価値付けを行うようになった。このような過程を経て、学校と地域の二つの視点に「生徒の視点」が加わったことで、仕事図鑑は三方よしの冊子に変化したのである。

## 仕事図鑑の機能の変化

仕事図鑑は移住・定住促進の冊子として、「働く」をテーマに大崎上島町民の暮らしや仕事に焦点を絞り冊子にまとめたものだ。取組を継続したことで、当初の役割に加え、新たな機能を担うようになった。

学校にとっては、生徒が地域住民について知ることができる身近な窓口の機能となった。大崎海星高校の仕事図鑑は10冊目までに、１００人を超える地域住民が掲載されているため、探究学習のテーマ設定の際に事前学習として活用したり、実際の活動時には地域での協力者を探したりする人材バンクの機能も有する。経験したことで、地域にあるリソースをより活用できるようになり、教育活動の充実につながった。

一方で、地域には新しい人の循環を生み出した。仕事図鑑は広報冊子として、県庁や町役場、地域の各所で配布されている。そこで仕事図鑑を読んで島に興味を持ち、来島した移住者や学生が年々増えている。近年は仕事図鑑を活用した教育の島ツアーや「働く」をテーマにした企業研修の取組も始まった。

この10年間で仕事図鑑は、地域と学校が連携する社会に開かれた教育課程のわかりやすいモデルの一つとなり全国に広がった。そこで同じように仕事図鑑制作に取り組む学校のノウハウを共有・蓄積しつつ、学校を超えた学びの機会をつくることを目的とし、仕事図鑑サミットも開催している。仕事図鑑という共通の経験を持つ生徒がつながったことで、コロナ期間中に培ったＩＣＴ活用のノウハウも活かし、地域の枠を超えた活動もさらに生まれるかもしれない。

## 【第 4 章】

# 広がる・つながる仕事図鑑

髙橋 貴一ほか

# 1 広がる・つながる仕事図鑑

島の仕事図鑑は全国各地に広がっている。仕事図鑑に取り組む学校同士が地域を越えて交流する場として「仕事図鑑サミット」を開催している。次年度以降の仕事図鑑制作のアイデアを得たり、各学校の仕事図鑑の特徴に気づく場になることが目的だ。記念すべき第1回仕事図鑑サミットは、２０２３年3月、島の仕事図鑑の発祥地である大崎海星高校にて、北海道大空高校、宮崎県立飯野高校を迎え開催した。

仕事図鑑を活用した交流の利点は生徒にとって共通の話題が生まれやすいことである。大崎海星高校には、地域系部活動や外部イベントで他校の生徒と交流する機会がある。一度話し始めるとすぐに仲良くなるのだが、最初の一声にハードルを感じる生徒が一定数いる。初めて交流に参加する生徒はもちろん、話しなれている生徒にとっても、初めは緊張している場合が多い。その時、仕事図鑑という共通言語があることで自然に話すきっかけが生まれ、生徒たちの交流が深まりやすい。また、学校同士の交流が仕事図鑑について振り返ったり、気づきを言語化する機会にもなる。生徒だけでなく、仕事図鑑作成に関わる教師や外部スタッフにとっても同様の機会となり、さらに他校の事例から次年度のヒントを得る場になるため、関係者にとっても実りある機会になるのだ。

第2回仕事図鑑サミットは宮崎県飯野高校にて、高校生が学校の枠を越え地域の課題等について考える全国グローカルリーダーズサミットと併せて開催予定である。

## 仕事図鑑で生徒がつながる!

第1回仕事図鑑サミットの様子を紹介する。前半は、各学校の取組や仕事図鑑の活動を紹介した。各学校の基本情報に加え仕事図鑑に注目することで、他校と自分たちの活動を比較しメタ認知したことで、それぞれの仕事図鑑の違いに生徒たちは気づく機会となった。後半は、生徒を3校の混合グループに分け、仕事図鑑を活用してグループで対話。仕事図鑑を作って得た気づきや困難、次年度の挑戦について共有した。サミット終了後はそのグループで大崎海星高校の学校見学も行い、親睦を深めた。

## 実際の生徒の声

「とてもいい経験になりました。学んだことが多かったし、実際に会うことで自分一人では思いつかないような発想が生まれて面白かった。同じ思いで広島にみんなが集まっているから話していて学ぶことや得ることがとても多くていい経験になったと思った。写真の撮り方やレイアウトをよりよくしたいならプロに聞くべし!! ということを他の学校の取組から学びました。」（宮崎県立飯野高校1年生）

「他校と交流ができて楽しかったです。作った仕事図鑑の説明を聞いたり、班の中で話したりする中で自分たちには無かったアイデアを知ることができてよかったです。交流を通して他校について知ることができたし、アイデアを得ることができ実りがありました。インタビューをして記事を書いて終わりだけでなくデザインやレイアウトまで自分たちで制作をできるのはいいなと思いました。」（大崎海星高校1年生）

「学びがすごく多くていいお話が聞けたなと思いました。やっぱり自分たちの力でアポ取りからインタビュー、記事作成までを行うことは、大変だけど得られるものの多さが違うなと感じました。あまり大空高校ではそこの部分まで深く掘り下げることができなかったので、やってみたいなと思いました。また、コンセプトから自分たちで考えるのもおもしろいなと思いました！」（北

海道大空高校1年生）

## 本気の大人に触れる機会として島ツアーを開催！

午後は、大崎海星高校にて生徒会長を務めた道林海斗君が中心となって大崎上島ツアーを実施した。きっかけは、地域みらい留学を運営する一般財団法人　地域・教育魅力化プラットフォームの越境体験プログラムに参加したことである。山形県遊佐町にて、町づくりに取り組む地域住民と交流したことにヒントを得て「本気の大人と出会う島ツアーを作りたい」と本企画を実施した。可能な限り多くの地域住民と交流できるように島のマルシェや観光案内所に案内した。木江地区に残る古い町並みや大串海岸、先輩達がデザインした倉庫前の絵といった大崎上島の名所をめぐり島の魅力を紹介した。島ツアーが終わった後も、もっと多くの人に出会ってほしかったと嬉しそうに語っていた。オンラインではなく、各地域で対面開催される魅力は余白が生まれることにある。島ツアーのランチタイムや移動時間などに、お互いの学校について紹介したり、今後のやりたいことを話したりした際に深い対話が生まれていた。

仕事図鑑サミットは仕事図鑑で得た学びやアイデアを共有する場に加え、それ自体が生徒たちの越境体験になっている。全国に広がる仕事図鑑のように仕事図鑑サミットも今後も場所や内容を変えながら、全国各地で開催される日がくるかもしれない。仕事図鑑がきっかけとなり生徒が地域について知り、地域の中や外で深めて、それぞれの地域の魅力に気づく。その過程で思い出ができ、気づきが生まれ新しい活動に継がれていく。仕事図鑑から新しい循環が生まれている。

以下では、各学校でのプロジェクトについて、関係者にまとめてもらった。

# 2 地域連携としての『仕事図鑑』の意義と役割

――北海道大空高等学校長　大辻　雄介

## 「仕事図鑑」に取り組む意義

北海道大空高等学校（以下、大空高校）は２０２１年に町立東藻琴高等学校（生産科学科）と道立女満別高等学校（普通科）が発展的統合を果たし、同年度に開校した町立の新設校です。普通科と農業系の生産科学科が合併したという経緯もあり、総合学科として歩み始めました。進学系の文理探究系列と、農業系のスマートアグリ探究系列の教科選択が可能となっており、多様な進路を目

指す生徒が通っています。

総合学科には1年次に「産業社会と人間」という授業があります。この授業を通して「自己の将来像を描く」、「進路を自ら深く考える」力を涵養し、「自分の在りたい将来像」になるためには、2・3年次にどのような教科選択をしていくかを考えます。そのような力を育むためには学校という枠を越えて、多くの社会人の方々の話を聞くことが非常に有効と考え、大空高校では「産業社会と人間」の授業のなかで、年間12人の方のお話をうかがい「仕事図鑑」を創っていくこととしています。

「仕事図鑑」と言いながらも、「仕事」だけではなく、「人」にフォーカスして記事を作成するよう生徒には伝えています。例えて言うなら日本経済新聞の「私の履歴書」のような記事づくりです。VUCA時代に突入し、どの仕事が、いつ失くなるとも限らない時世に「何になりたい」「この職業に就きたい」という視点で人生を考えるだけではなく、「どんな風に生きたい」「どう在りたい」という生き方を先人から学んでほしいからです。“To Do”ではなく“To Be”を考える、と言い換えてもいいかもしれません。「Life Shift」という書籍にも書かれている通り、今の高校生たちは人生100年時代を生きています。労働年齢は20歳前後から80歳ぐらいの60年間になる可能性もあり、日本企業の平均寿命が20年であることを考えると、単純に計算して人生で3つの仕事を経験する可能性もあります。そもそも企業や団体に属して働くという枠組みすらもなくなっているかもしれません。そういった社会のなか「○○という職業に就きたい」と考えることは一過性の問題に過ぎず、100年を見通した人生設計では「どう在りたいか」を考えることのほうが重要なのです。「仕事図鑑」を創るためのインタビューと言えど、その人の「生き様」にまで迫ることが出来るといい記事が書けることに疑いはありません。

その人の「生き様」に迫るためには、どのような話を伺えばよいのか。私はその人が取り組んできた挑戦や、越えてきた高い壁の話を聞くことが肝要と考えています。端的に言えば「問題解決能力」を掘り下げることです。大空高校では「問題解決」を以下のように定義しています。

**問題：理想と現実の差異**
**課題：現実を理想に引き上げるために実行する具体的行動**

例えば今年度の「産業社会と人間」の授業で、町の移住定住支援室の方がおっしゃっていた問題解決の一例を取り上げます。理想が「移住者のための住む家がある」で、現実が「移住者のための家がない」であったとき、**課題❶**「町を巡り、空家を探す」、**課題❷**「空家のオーナーにヒアリングして、貸してよい家をリスト化する」、**課題❸**「移住者に対して空家リストからおすすめする」などになります。

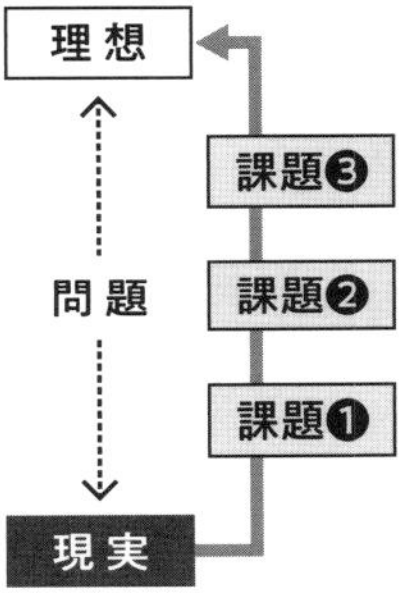


したがって大空高校では「解決する問題」と「遂行する課題」を使い分けしているため、「課題解決」という言葉でなく、「問題解決」という言葉を使っています。あくまで「解決するのは問題」である（SoluteするのはProblemであって、Taskではない）と生徒にも伝えています。

「問題」を「課題」に分析する力は、2年次の「総合探究」で活かすことを想定しています。大空高校の「探究」では「地域の問題解決を学習課題とする」と位置づけており、地域問題を解決するためにも「課題に分析する」力が必要なのです。12人の先人たちが取り組んできた問題解決から「課題に分析する方法」を学ぶことで、生徒たちは2年次の「探究」で地域問題解決に取り組むことができるのです。

## 地域の方々からお話をうかがう、もう一つの意義

しばしば学校の教育目標において「地域人材の育成」が掲げられることがありますが、私はその考え方に必ずしも賛同していません。なぜなら「人材育成」という言葉は、ある意味「教育」という言葉と相反する側面を持っているからです。「〇〇人材育成」は「〇〇を担う人を育む」という主旨であり、「地域人材育成」「ＩＴ人材育成」等、いずれも狭い領域に「収束」していく育み方を表します。一方、「教育」は「なりたいと思ったら何者にもなれる」ように「発散」していく育み方と私は考えており、「収束」とは逆と捉えることもできるからです。

また多くの教員が、学校がある地域とは疎遠な出自の人物が多く（これは教育委員会単位で異動があるので仕方のないこと）、生徒たちに「君たちはこの地域を担う人材だ。地域のために頑張れ」と諭したところで空虚な言葉に過ぎません。かく言う私も生まれの兵庫県では働かず、東京、島根、高知、北海道と転々としている人生です。「生まれた故郷のために、この地に残って働くべきだ（あるいは恩返しのために何かを還元すべきだ）」という言葉に何の説得力もありません。

しかし一方で、どこの学校においても、その地が元気になるよう生徒たちには「この地域に貢献してほしい。そういう気持ちを育みたい」と考えています。この矛盾を解消するためにも「仕事図

鑑」は役立ちます。地域に根ざし、地域で頑張っている方々のお話をうかがうことで、生徒たちの地域への思いが育まれるからです。過疎地に生まれ、「何にもないところ」と思っていた我が町で、カッコいい大人たちが目を輝かせて頑張っている。そういう姿勢を目の当たりにすることが地域へのリスペクトとなり、地域に貢献したいという気持ちを育みます。ヨソモノの教員が話すよりもよっぽど説得力があり、地域への尊厳が生まれます。

## 「仕事図鑑」の未来

以上述べてきたように大空高校では「仕事を知る」「キャリアパスを学ぶ」「問題解決能力の基礎づくり」「地域の尊厳醸成」などの意義を持って、「仕事図鑑」制作に取り組んでいます。大空高校は開校して3年目、今年3冊目の「仕事図鑑」制作を進めており、取り上げられている仕事も多種多様になってきました。生徒からも「〇〇という仕事について知りたい」という声も上がるようになってきており、今後制作を積み上げることで「仕事図鑑」から「仕事大全」と変貌し、生徒たちの役立つ進路情報誌となる日を夢見ています。

# 3 未来図鑑 vol.1

――新潟県立津南中等教育学校　探究学習コーディネーター／教諭　小山 尚之、教諭　波多野 公恵

## 3月に見た一つの新聞記事から

２０２２年3月、「新潟県内の高校生が地域で働く職業人にインタビューを行い、冊子を作成した」という記事が、当時の校長から探究学習コーディネーターへ渡された。本校は6年間を通して地域探究学習（津南妻有学）を行っており、前期課程の中学2年生では「地域に深く関わる」をテーマに、職業観や生き方を見つめる職場体験学習を実施している。しかし、コロナ禍でストップしていた。

記事を読んで、この活動が地域に貢献する人の思いや生き方を知る新しい手法になるのではないかと考えた。またこれならば、情報を整理、分析する力は今までと同様につけることができる。さらに本校の地域探究学習においても、地域の人の思いに触れる事はこれからの自分自身の未来に役

立てることができるのではないかとも考えられた。本校のアドバイザーである大正大学の浦崎太郎先生の後押しもあり実践を決めた。

広島県の大崎海星高校での実践が、仕事図鑑を通して地域活性化につながったという例も知っていたので、本校においても地域の方とともに生徒の未来に役立つ仕事図鑑を作成すれば、新たに地域の魅力を発信できる活動になるのではないかとも考えた。

## 広島の大崎海星高校の仕事図鑑を参考に

その月末には、本書編集の取釜さんに話を聞いた。それは仕事図鑑を全て生徒が中心となって作成したこと、そのためにプロのカメラマンや講師を招いた事前学習の工夫などであった。それがヒントとなったため、それまでは商工会青年部が発行しているお仕事手帳などを研究していたが、大崎海星高校の仕事図鑑をイメージして作成することに決めた。

活動を始めるためには地域と学校を結びつける地域コーディネーターが必要である。津南妻有学を通して、地域との連携体制はある程度できていたことから、4月には学校運営会議で話をし津南中等教育学校を支援する会から協力者を募ることができた。そして津南地域コーディネーター、十日町地域コーディネーターの3人を中心に取材先を探し、生徒の希望も聞きながら取材する職業人

18人を選んだ。

事前準備には、元キャリアガイダンス編集長・山下真司さん、プロカメラマンstudio HATOYAの羽鳥宏史さん、本校OG・OBである博報堂の西野知里さん、津南地域のデザイナー滝沢萌子さんに協力していただくことになった。

## コンセプトをどうするか

まず6月後半に、講師である山下さんとオンラインで打ち合わせをした。その際に、誰に、何のためにその冊子を作るのか、その冊子を発行することでどのような効果を期待しているのかなど今までモヤモヤしていたことが明確になっていった。地域や大人が作成している仕事についての紹介本ではなく、生徒たちの未来や進路に役立つもの、地域の人の生き様・思いに光を当てられる冊子にしたいというコンセプトに至った。

インタビューを通じて、妻有地域の人々の物語を知る、そして自分の未来をつくるために学ぶ、そんな冊子になればいいとなと考えた。山下さんからはインタビュー取材と編集のポイントについて教えていただいた。

7月には羽鳥さんによる、写真撮影の講義が2回行われた。生徒は一眼レフやタブレットを使い、日の当たり具合やレイアウトの仕方、雰囲気を変える技法のコツなどをご指導いただき、撮影の技術を身に付けた。

## 仕事図鑑から未来図鑑へ

インタビュー活動は、地域で活躍する職業人と生徒が思いを共有する機会になった。職業人の中には、妻有地域に移住した人もいる。その人たちの「この地域にはいい人がいっぱいいる」という発言に励まされたこともあり、生徒たちは意欲的に行動した。

この活動を通して生徒は大きく変容した。事後アンケートでは「どのように話を広めていくのか考え、インタビューする力がついた」「その人の思いや経験、仕事を始めたきっかけを知り、自分にとってもいい体験ができた」「昔の地域のことを知ることができた」「どんな思いで仕事を続けていくのか知ることができた」「いろんな仕事が関わりあって今の生活になっているなっていうことを感じた」「自分の地域の魅力は自然や食べ物だと思っていたけれども、人の魅力が地域の特性だと分かった」など多くの気づきが見受けられる。

この活動で一番困ったことは記事作成である。そもそもグループ4人の思いをまとめることが難しい。そこで人物像を最初につくり、それぞれで記事を書きながら、1つの記事にしていく方策をとった。

記事の作成には卒業生の西野さんに講義をいただいた。その際キャッチコピーは全ての印象が決まるほど重要なものであることが分かったが、生徒はどのように作っていいのか分からない。取材を受けた方が楽しそうに話した場面をもとに作ることがコツだと教えてくれた。

また、冊子には自分たちの未来にも役立つように、「イチ押しの教科」という質問も追加した。これは学校で今学習していることを将来の目線から捉えてみるという試みである。生徒からは「数学の問題は将来使わないと思っていたが、すべてが生きているんだ」という声も聞かれた。

表紙にもこだわりがある。有志の生徒たちを中心に作成した。取材した人のよさが分かるような表紙やデザインにしたいということで地域の写真を撮っている写真家の小林幸一さんにもご協力いただき、分野別にアイコンを作成し、妻有地域の地図上にアイコンを散りばめたものとなった。

## 未来図鑑完成

手探りであったが、2月には「未来図鑑vol.1」が完成した。1500部作成し、津南町の交流施設「だんだん」や町役場、十日町市役所などに届けた。津南町の桑原悠町長からは、「小学生に見てもらいたいし、これをみて地元に帰ってこようかなと思う人もいるのでは」という声をいただいた。生徒からは「この地域をとても大切に思い、常に地元をいいものにしていきたいという思いの強さや優しさを学んだ」という感想も寄せられた。

また、一連の活動を通してチームで活動することのよさを生徒たちは学んだ。ある生徒は、「取材の際に、アドリブが苦手で黙り込む時間が続いていたが、その時にチームの1人が追加の質問してくれ、仲間のよさを知り、そのおかげで楽しくインタビューをすることができた」と語る。

今でも作成した冊子を生徒たちが大事にしている。「妻有地域だけではなく、地域の仕事は地方にも全国にも影響与えていて、異なる仕事同士で関わり合うことでよりよい暮らしが成り立ってるんだと考えることができました。妻有地域に14年間いるけど知らないことがまだまだあるなと思いました」と生徒の感想にあるように仕事図鑑の制作は、足元の妻有地域を見つめることで、生徒に活力を与え、広く未来について考える機会となった。

※妻有（つまり）地域
新潟県南部の十日町市・津南町は信濃川が流れる盆地にあり、日本でも有数の豪雪地帯である。夏は盆地なので暑く、冬は半年間も雪に包まれる厳しい気候の土地である。中山間地と呼ばれる山上の集落が多く、棚田が広がった日本の原風景が残っている。

# 4 「東海地域におけるDiversity & Inclusion推進企業・自治体インタビュー集」の取組

――名古屋学院大学現代社会学部　准教授　榎澤　幸広

2022年度、私が担当する名古屋学院大学現代社会学部2・3年ゼミでは、大崎海星高校『島の仕事図鑑』の取組に影響を受け、それぞれ冊子を刊行しました（冊子印刷費用は、現代社会学部主催「oasiSコンペ」審査を経た『2022年度　学部等教育事業予算「学生共同研究・実践活動助成」事業』による助成）。冊子名は、3年ゼミ（17名。科目名は「現代社会演習1」）が『東海地域におけるDiversity & Inclusion推進企業・自治体インタビュー集』、2年ゼミ（12名。科目名は「専門基礎演習」）が『熱田区スゴイ人図鑑』です（以下、英語部分はD&Iと略）。

本稿では、①冊子作成のきっかけ、②冊子刊行までの主要取組、③冊子刊行がもたらした今年度の展開に関して、3年ゼミの取組を中心に紹介します。

ちなみに、2年ゼミの冊子刊行までの概要は、ⓐ彼らが4年間通う名古屋キャンパス付近を知るために、ⓑ名古屋キャンパスを中心点とし、おおよそ半径

1キロ以内に存在する各ゼミ生がスゴイと考えるお店や企業をピックアップしていきました。そして、ⓒその中から熱田区の12の宝（老舗蒲鉾屋や本屋など）に絞り取材内容を冊子にまとめました。

## 冊子作成のきっかけ

冊子作成のきっかけは、2022年3月12日「しまじまトーク～ツナガルヒロガル、島のミライ～Vol 3. 利尻島・大崎上島」（NPO法人離島経済新聞社主催）にて、島の仕事図鑑プロジェクトリーダーの高橋貴一さんと私が交流したことです。

貴一さんはこのイベント後、私宛に『島の仕事図鑑』を送って下さったので、すぐゼミ生に配布しました。高校生たちが身近な地域を掘り起こし、まとめた素晴らしい内容の冊子は、まちづくりに関心を持つ多くのゼミ生に刺激を与えてくれました。さらに6月7日、貴一さんをゲストに招き（学内の大教室に接続し、広島からオンライン参加）、ゼミ生との交流を実施しましたが、参加者全員が、話題が豊富で包み込む話し方をする貴一さんの虜になってしまいました。この〝貴一マジック〟こそ、彼らが冊子を作成してみたいと思う決め手となりました。

「大崎海星高校の取組をモデルにしつつも、榎澤ゼミらしい冊子作成はどうしたらよいか？」

このような問いかけを前提とし、彼らが悩んだ上で、自らの取組の根底に据えたのは、このゼミが大事にする問いかけ「憲法上の人権保障の考え方がこの社会（特に東海地域）にどの程度浸透しているのか」でした（私の専門が「憲法学」）。そこから、①ひとつひとつの企業や自治体におけるD＆Iの取組を調べていくこと、②それらのデータを集積していくことで東海地域や日本のよりリアルな現状を認識できること、③それらのいい取組を他にも伝えていくことでD＆I推進の輪を拡げることができることなど具体的に取り組むべきことが見出されていきました。

本冊子内容は①を中心とし構成されており、それぞれがインタビューした東海地域における16の企業や自治体の取組が紹介されています。

## 冊子刊行までの年間スケジュール

冊子刊行までの主要なできごとは、①DiversityEXPO参加（7月9、16日）、②学部助成審査会と成果発表会参加（6月14日と12月13日）、③秋学期以降の取組（1人1ヶ所インタビューと冊子刊行）の3点を挙げることができます。ここでは①と③に関して提示したいと思います。

### DiversityEXPO参加

２０２２年4月からのゼミ主要活動は当面、7月9日『DiversityEXPO2022』（https://divercity-expo.com/）での報告準備にありました。これは、on the Ground Project主催（代表は市川武史さん）のジョブイベントであり、女性活躍推進や障害者雇用などダイバーシティ推進に積極的に取り組んできた企業や自治体、それらに関心ある学生や社会人が交流できる中部地区唯一の場です。

彼らの報告内容は「学生の視点からとらえたD&I推進企業で働くメリット」でしたが、準備過程にて（4～6月）、①イベント参加企業&自治体の研究、②憲法や関連法令が描くダイバーシティに関する論文講読、③日本や東海地域のジェンダーギャップ指数などの現状調査、④インタビュー質問作成&企業インタビュー（大橋運輸、加藤精工、ジェイテクト、BIPROGY）、⑤ダイバーシティ推進企業に対する学生意識調査、⑥①～⑤までの内容整理などを行っていきました。

## 秋学期以降の取組

彼らは、報告用のインタビューを引き受けて下さった4社が、顧客や社員一人ひとりに寄り添った具体的なD&Iの取組、そこに至るまでの過程など丁寧に教授して下さったことを通じ、報告終了後、更なるデータ収集をし始めました。これらも1人1か所インタビューという行動を推進する理由につながるものでした。

イベントで知り合った岐阜県関市役所でのインタビューを皮切りに（9月）、それぞれがアポイントをとり、インタビューを行いました。本学部は社会調査を行う学部でもあるため、私が、インタビュー調査やそれに基づく冊子化過程においてふまえるべきマナーや倫理規範などを伝達しましたし、市川代表がゼミ生たちのインタビューに関しアドバイスやさらなる方向性も提示して下さいました。

## 冊子刊行がもたらした今年度の展開

２０２３年3月の冊子刊行という成果は、３年ゼミ生（現在は4年生）の成長につながり、そして彼らの状況も変えました。例えば、①学生と連携したいという企業や自治体からの依頼がいくつかあったこと、②就職活動時の面談など〝ガクチカ（学生時代に力を入れたこと）〟に関する深堀り質問をされても彼らは難なく対応できたこと、③今年度も引き続きこの取組を継続したいと、ゼミ生皆が声をそろえて発言してくれたことなどをあげることができます。

今年度は、この冊子に興味を持ってくれた、インターネットインフラ整備で有名な企業ISFnetが自社のダイバーシティ推進の取組の更なる改善点を模索するために、うちのゼミ生と連携することになりました。連携予定の学生らは、冊子を作成した4年ゼミ生、そして彼らの取組に関心を持ち、榎澤ゼミに応募してきた3年ゼミ生たちです（ちなみに、３年ゼミ生15名中7名は『熱田区スゴイ人図鑑』作成に関わりました）。

昨年度のような冊子を作成するのか、それとも別の取組をするのか、詳細はまだ決まっておりません。160ページの右の写真は初顔合わせの様子で、2023年8月21日付中日新聞朝刊で取り上げられました。

ただ、このように私のゼミ生らの活躍の場が広がったのは、大崎海星高校&大崎上島の皆さんの先駆的な取組があったからです。今後もさらに活躍の場を展開し、経験値を重ねることで、先駆者の皆さんと相互連携し、新たなるステージを切り開けたらとも思っております。

# 5 「MATSUURA 仕事図鑑」

――長崎県立松浦高等学校長　舟越 裕

長崎県立松浦高等学校（以下、松浦高校）は、2022年度から文部科学省の「新時代に対応した高等学校改革推進事業」の研究指定を受けて普通科改革に取り組んでおり、同年度の入学生から「普通科」を「地域科学科」へと改編した。研究開発では、評価の在り方を含めたカリキュラム開発、コーディネーターを活用した地域や中学校・大学等との連携構築などに取り組んでいる。また、2022年度までは「地域との協働による高等学校教育改革推進事業」の文科省の研究指定を受け、従来は1年間のみの活動であった「まつナビ」を、3年間通した活動としてカリキュラム開発を進めてきた。

松浦高校の「仕事図鑑」である『MATSUURA 仕事図鑑』は、2022年度の2年生が初めて作成した。当初は「仕事図鑑」作成の計画はなかったが、同年度の着任に伴い、前任校での「仕事図鑑」作成の取組及びその学びによる生徒のキャリア意識醸成の効果を紹介し、「まつナビ」のカリキュラムを見直して、2年生後半に作成することにした。急な変更であり、先生方にとって初めての取組ということで、「本当にできるの？」「時間は足りるの？」といった不安の声も上がっていた。実際に作成し始めたのは3学期に入ってからであり、学年主任と学年の「まつナビ」担当者が作成の方向性や「仕事図鑑」のフォーマットを検討し、記事の作成に取りかかり、冊子の完成は2022年度末であった。

2学年担当の木村知弘教諭は、「『仕事図鑑』の制作を通して、松浦市がさまざまな仕事で成り立っていることを感じさせることができた。働く意味を感じることができたのではないだろうか。」と、3年生で進路決定をする前に、「仕事図鑑」に取り組んだ意義を感じている。また、「まつナビ・プロジェクト」リーダーの茶園孝一教諭は、「自らが将来なりたい仕事に

ついて、実際に働いている人に取材し、仕事内容ややりがいを直に話してもらえたのは大きな収穫であった。生徒が今後のキャリアを考える上での材料になるはずだ。取材を通して、将来、このような人になりたいと思えるような人に出会える機会があって本当によかった。」と、両教諭とも生徒のキャリア形成に役立つと手応えを感じている。

完成した「仕事図鑑」は「まつナビ」の成果物として、松浦高校生だけでなく市内の中学校3年生全員にも配布された。

松浦高校では、2023年3月に3年間「まつナビ」に取り組んだ生徒が初めて卒業したのだが、卒業生へのアンケートからは、「まつナビ」での学びが生徒のキャリア形成につながっているという分析結果も得られた。一方で、3年間の取組について、以下のような課題も浮かび上がってきた。

①過去の実践テーマと類似したテーマ設定になる傾向があり、生徒一人一人が自分事として取り組めていない。

②ルーブリックが生徒にとって難解で目線合わせができず、各活動の生徒への意味づけも不十分

③課題解決に必要なデータの収集・活用・分析力などのスキルの育成が不十分

④生徒の研究と地域のリソースとのマッチングが不十分

3年間のカリキュラムの見直し作業の中で、「仕事図鑑」の作成は上記の課題解決に向けた取組

としても位置付けており、2023年度からは1年生前半という早い段階での取組としている。

「まつナビ」3年間の展開は以下である。プロジェクトチームを中心にして、「まつナビ」を通してどのような資質・能力を身に付けさせるのかということも含めて、約半年をかけて、検討を行ってきた。

| 時期 | 主な活動内容 |
|---|---|
| 1年生前半 | ○中学校における「ふるさと教育」の振り返り<br>●講義：市職員（市の現状や課題）、地域のさまざまな事業所経営者・職員（各事業所の業務、市との関わり、松浦の未来への思い等）、データ利活用研修<br>**○「仕事図鑑」の作成（作成に必要なスキルの習得→取材→「仕事図鑑」発表会** |
| 1年生後半 | ○個人で「まつナビ」で取り組みたいテーマを検討→個人構想発表会<br>○テーマの共通性から生徒による活動班を形成→各班で「まつナビ」の研究テーマを設定<br>→「まつナビ」構想発表会→フィールドワーク |
| 2年生前半 | ○「まつナビ」中間発表会→フィードバックに基づいて研究内容の再検討<br>○フィールドワーク・研究活動の継続 |
| 2年生後半 | ○「まつナビ」校内発表会→研究活動の継続→「まつナビ」最終発表会（市民へ公開）<br>○進路別課題研究（各生徒のやりたいこと・研究したいことによる研究） |
| 3年生 | ○研究論文作成 |

3年間の活動の中で「仕事図鑑」の作成を1年生前半に組み込んだのには、3つの理由がある。

①「仕事図鑑」の作成や講義により松浦の強みや課題等について「インプット」する機会を設け、3年間の活動基盤とする

②「仕事図鑑」の作成を通じて松浦をフィールドとして活躍する人々と対話し、「働くことの意味」や「自分の生き方」などを考え、キャリア意識を醸成する機会とする

③「仕事図鑑」の作成と並行して、3年間の活動の中で必要なスキルを習得する機会とする

対話を通じて「生徒一人一人が自分事」としての活動とする、課題研究に必要な知識の「インプット」や「スキルの育成」を図る、「生徒の研究と地域のリソースとのマッチング」を図るという、「まつナビ」全体の課題改善につなげることを意図している。

では、「仕事図鑑」の作成過程について紹介しよう。

| 時期 | 主な活動内容 |
| --- | --- |
| 5月上旬 | **前年度の仕事図鑑配布：**成果物のイメージをもたせる |
| 5月下旬 | **インタビュー先の検討：**3~4名の班単位で決定→アポイントをとる |
| 6月下旬 | **構成に係るワークショップ：**生徒から希望者を募り、地元でデザイン事務所を開いている方と、「仕事図鑑」の構成や表紙のデザインを考える |
| 7月上旬 | **取材計画作成、模擬インタビュー：**模擬インタビューを各班の担当教員に対して行う |

| 時期 | 主な活動内容 |
|---|---|
| 7月中旬 | **写真の撮り方講座／記事の書き方講座：**それぞれの専門家による講座 |
| 7月下旬 | **一斉取材（まつナビの日）** |
| 9月上旬 | **原稿提出：**夏休み期間中はMicrosoft Teams等で原稿作成を進める<br>**取材先への確認：**写真や作成した記事内容の確認 |
| 9月中旬 | **仕事図鑑報告会：**取材先にも参加を呼びかける |
| 9月下旬 | **成果物完成：**報告会でのアドバイスをもとに微調整、最終原稿提出、冊子化 |

以上のように、生徒が段階を踏みながら、かつ課題研究に必要なスキルも身に付けながら取り組んでいる。松浦高校では、地域のリソースを生徒の学びの支援につなげるため、２０２３年度から地域の事業所等で構成される「まつうら高校応援団」を組織しているが、スキル面の指導は、その中の専門家を活用しており、仕事図鑑の作成でも地域と密着した取組を推進している。仕事図鑑の作成が、本校生徒のキャリア意識の醸成につながった実感があるので、これを配布する中学生のキャリア意識の醸成にも役立てることができるように中学校とも連携を図っていきたい。

# おわりに

本書では、大崎海星高校の仕事図鑑の歴史や教育効果、さらには全国に広がる事例など、さまざまな切り口から仕事図鑑についてまとめた。

ＡＩの時代とも言われる現代社会は、「人にしかできないこと」に注目される時代ともいえる。このような社会変化の渦中だからこそ、仕事図鑑の価値は「身近な人の生き方を深く学びながら自身の生き方について考える機会となること」であり、立場が異なる関係者が同じゴールイメージを持ちながら活動することで、「学校を起点とした学びの生態系が構築されること」である。

高校生たちの日常生活において、働く大人の仕事や人生について真剣に聞く機会は意外と少ない。仕事図鑑では、取材先について事前学習や取材中の質問を通して「人」に焦点化し、深く知ることができる。実際、普段なかなか聞くことがない想いを知ったことで、地域や人を見る視点に変化が起きたり、取材がきっかけとなった人間関係が地域活動への興味・関心を高めたりしていることが見受けられた。

また、変化の激しい社会で生きる力を育てるためには、学校だけでなく社会全体で教育を行うことが求められている。そういった意味では、仕事図鑑は「社会に開かれた教育課程」の一つとして、学校と社会（地域）の関係を「編み直す活動」であるともいえる。「地域で働く多数の大人たちに高校生が取材し、記事として紹介する小冊子」という非常に分かりやすい成果物が共通のゴールイメージとなることで、目標を共有し、社会との連携・協働によって、学校教育の実現を図る過程を共通理解を持ちながら体感できる。そのうえで、学校と地域のどちらかに傾くことなく、互恵的関係を意識し続けたことで、大崎海星高校の仕事図鑑は誰も答えを持っていない状態から始まり10冊目まで継続された（10冊目は本書刊行時は作成中）。初心に戻って「小さく始める」「できることから始める」「相手の立場になる」ことを意識して、誰にとっても、ベストな1冊をこれからも目指し活動していきたい。

大崎海星高校では、仕事図鑑に加え高校魅力化プロジェクトの推進に伴い、学校に関わる多様な立場の人のコミュニケーションの基盤が構築された。以前は「島で充実した高校生活を送ってほしい」という想いはあっても、組織や関係者同士の目的や考え方はさまざまで、足並みをそろえることが難しかった。しかし、さまざまな試行錯誤の末、今ではしっかりとした土台に生まれ、生徒数がV字回復したあとでも、地域と学校が連携しながらさまざまな取組が生まれている。今日も大崎海星高校では、仕事図鑑をはじめとして日々誰かが挑戦している。高校生だけではなく、高校生を

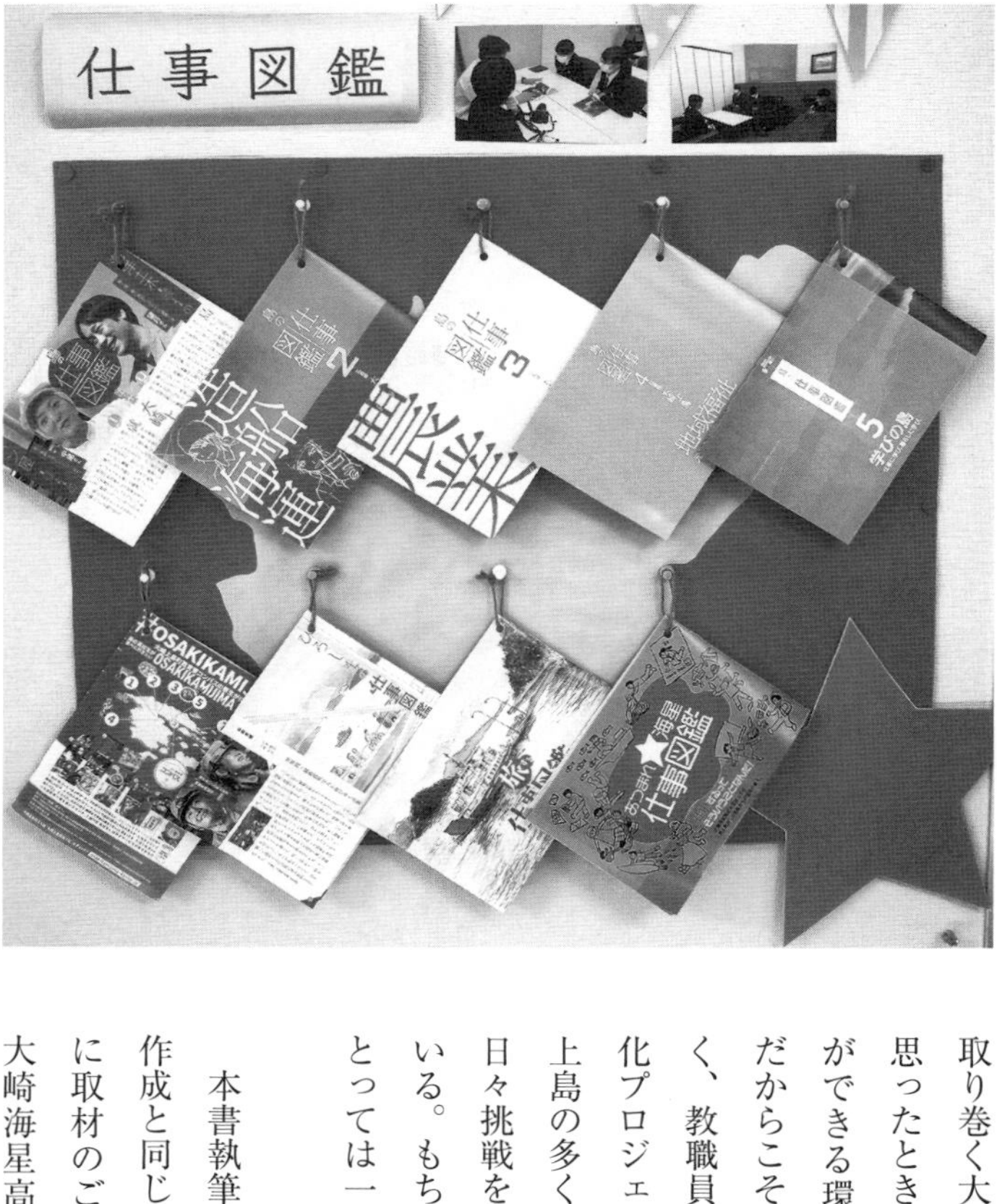


取り巻く大人もやってみたいと思ったときに一歩踏み出すことができる環境がここにはある。だからこそ、生徒たちだけでなく、教職員、大崎海星高校魅力化プロジェクトスタッフ、大崎上島の多くの地域住民の方々と日々挑戦を楽しむことができている。もちろん本書も私たちにとっては一つの挑戦だ。

本書執筆にあたり、仕事図鑑作成と同じようにさまざまな方に取材のご協力をいただいた。大崎海星高校の生徒や卒業生、教職員や大崎海星高校魅力化プロジェクトスタッフ、大崎上島町民の皆様、10冊目に至るまで支えてくれた地域も立場も異なる多様な方々に感謝したい。また、國學院大学・田村学教授、全国で仕事図鑑に取り組む教育者の皆様、学事出版・二井豪さんに謝意を伝えたい。

生徒や地域が一人一人異なっているように、仕事図鑑の形も多種多様である。一見シンプルに見えるからこそ、突き詰めると面白く、奥が深い。

本書が学校と社会（地域）で生きる力を育てる教育活動のイメージづくりに役立てば大変光栄である。全国各地で仕事図鑑を通して、身近な大人の生き方が教材になり、生徒たちが心から納得する生き方の発見につながることを願っている。

2023年11月

広島県立大崎海星高等学校魅力化プロジェクトスタッフ
島の仕事図鑑プロジェクトリーダー

髙橋 貴一

【編者紹介】
取釜 宏行（とりかま・ひろゆき）
広島県立大崎海星高等学校魅力化推進コーディネーター
髙橋 貴一（たかはし・きいち）
広島県立大崎海星高等学校魅力化プロジェクトスタッフ／島の仕事図鑑プロジェクトリーダー
【執筆協力】
松見 敬彦（まつみ・たかひこ）
ライティングオフィス・トリガーワークス主宰／フリーライター／ディレクター

地域連携・キャリア教育・探究学習がつながる！
**みんなの「仕事図鑑」**

2023年12月５日　初版第１刷発行

編　　者　取釜宏行＋髙橋貴一
発 行 人　安部英行
発 行 所　学事出版株式会社
〒101-0051　東京都千代田区神田神保町１-２-５
☎ 03-3518-9655
HPアドレス　https://www.gakuji.co.jp
編集担当　二井　豪
デザイン　松井里美（研友社印刷）
印刷･製本　研友社印刷株式会社


ISBN978-4-7619-2975-6　C3037　Printed in Japan